MISSHANDELT im Namen seiner Ehre

Emilia Pfeifer

Emilia Pfeifer

MISSHANDELT
im Namen seiner Ehre

Tatsachen-Roman

DeBehr

ISBN: 9783944028262
Erstausgabe: 2013
Herausgeber: Verlag DeBehr, Radeberg
Umschlaggrafik: © jachens - Fotolia.com

Es war eine Reise der ganz besonderen Art. Ich verbrachte zum ersten Mal 10 Tage Urlaub mit meiner Tochter in unseren eigenen vier Wänden in Antalya. Im Sommer dieses Jahres hatte ich mir meinen Traum von einer kleinen Wohnung im Paradies erfüllt. Diese befand sich in einer nicht allzu großen Wohnanlage. Mein Urlaubsdomizil befand sich im zweiten Stock. Schon als ich die Wohnung das erste Mal betreten hatte, war ich von ihr begeistert gewesen. Sie hatte eine amerikanische Küche mit einem ziemlich geräumigen Wohnzimmer. Im Flur gewährte ein Einbauschrank Stauraum. Was mich noch mehr erfreute, war die Tatsache, dass es nicht nur ein Schlafzimmer gab, sondern auch noch ein Gästezimmer. So konnte ich auch meine Kinder einladen. Das Bad war modern eingerichtet, wie wir als Europäer das erwarten. Als sogenannte Gästetoilette gab es eine der berühmten türkischen Toiletten. Ein Loch im Boden, Fußstützen, das war es. Die brauchten wir ja nicht zu benutzen. Der Raum war als Abstellkammer vorgesehen. Was mich am meisten an dieser Wohnung beeindruckte, war der lange Balkon, der sich um die gesamte Wohnung herum zog.

Egal aus welchem Zimmer man trat, man befand sich auf dem Balkon. Jeden Morgen lief ich einmal rundherum. Ich hatte meine Traumwohnung gefunden. Und das machte mich glücklich.

Zum Meer war es auch nicht weit. Wir gingen die Seitenstraße, in der sich unsere Wohnung befand, zur Hauptstraße, und wenn wir diese überquert hatten, war es nur noch ein kurzer Weg zum Strand. Wir genossen diese Tage, für uns war es wie ein Abenteuerurlaub. Wir mussten uns selbst versorgen, einkaufen in einem Land, dessen Sprache wir nicht mächtig waren, und wo wir ab und an gar nicht genau wussten, was wir da gerade in den Einkaufswagen legten. Doch wir hatten Spaß. Die Abende verbrachten wir mit einer Freundin, wir gingen gemeinsam essen in einem nahegelegenen Restaurant. Auch sie war eine Deutsche, die vor einigen Jahren in die Türkei ausgewandert war. Obwohl sie schon über sechzig Jahre alt war, hatten wir einen gemeinsamen

Draht zueinander. Sie war in ihrem Denken und Verhalten junggeblieben.

Sie hatte, wie ich, lange blonde Haare. Ich war von ihren täglich frisch lackierten Fingernägeln fasziniert. Uns verband noch viel mehr als nur äußerliche Ähnlichkeiten. Sie kam aus Hamburg, auch ich hatte eine besondere Beziehung zu dieser Stadt. Und dann gab es da noch eine Stricksucht, der auch sie verfallen war. Erst durch Moni erfuhr ich, dass in der Türkei die Wolle um einiges günstiger war als in Deutschland. Viele dachten, sie sei meine große Schwester, da wir uns recht ähnlich sahen. Manchmal ließen wir bestimmte Leute in der Annahme.

Diese Zeit war einfach nur schön. Die Tage am Strand oder auf dem Meer oder bei einem Einkaufsbummel in der Stadt vergingen wie im Flug. Mit Beginn der Dämmerung machten wir uns schick, um in der Stadt die lauen Abende zu genießen. Jeder Tag war Lebenslust. Zu unserer Sicherheit fuhren wir nachts stets mit dem Taxi nach Hause, denn die

Wohnung lag in einer Seitenstraße, die zudem noch schlecht ausgeleuchtet war.

Eines Tages erzählte unsere Freundin, dass sie am Morgen von einem tollen Typen mit zur Arbeit genommen worden wäre. Ein Typ mit Glatze und einer unheimlich tollen Ausstrahlung. Sie hätten auch gleich Handynummern ausgetauscht. Schließlich war sie Single und wollte sich neu verlieben. Mich interessierte das nicht so wahnsinnig, weil ich wusste, dies war nur wieder einer ihrer Beutezüge. Er würde sicher um vieles jünger sein als sie. Sonst hätte sie ihn wahrscheinlich gar nicht angeschaut. Aber ok, das war ihr Problem und würde erst dann zu meinem, wenn sie am Boden zerstört wäre, weil der Typ sie wegen einer jüngeren Frau verlassen hätte, was ich befürchtete. Das Thema Beziehung hatte ich längst für mich abgeschlossen. Ich war glücklich als Single. Und das sollte auch so bleiben. Ich genoss ganz einfach die Tage und Abende mit meiner Tochter und unserer Freundin.

Eines Abends konnten wir kein Taxi zu einem vernünftigen Preis bekommen. Was tun?

Da fiel Moni ihre Bekanntschaft von vor ein paar Tagen zuvor ein. Sie rief ihn an, fragte, ob er noch in seinem Reisebüro sei.

Nach bejahender Antwort fragte sie, ob er nicht vorbeikommen könnte, um uns nach Hause zu fahren. Kein Problem. Er machte sich sofort auf den Weg. Nach nicht einmal zehn Minuten hielt ein Auto vor unserem Lieblingsrestaurant. Es stieg ein fast kahlköpfiger, ziemlich ernst dreinschauender, recht großgewachsener Mann aus. Sein düsterer Blick behagte mir nicht. Mit dem sollten ich und meine Tochter nach Hause fahren? Aber meine ältere Freundin würde schon wissen, was sie tat. Schließlich hatte sie viele Jahre in Hamburg gelebt. Sie kannte also die Gefahren der Großstadt. Ab ins Auto und nach Hause. Er sprach kaum ein Wort. An der Wohnung angekommen, stiegen wir aus, und mir ging es wesentlich besser, ich fühlte mich befreiter.

Am nächsten Morgen fragte Moni, was ich von dem Typen halten würde. Sein Name sei Helmut. Naja, mein Typ war er nicht. Aber das spielte ja auch keine Rolle.

Wenn er ihr gefiel, war das ok. Ich stehe nun mal mehr auf Anzugtypen.

Wie auch schon die Abende zuvor, gingen wir auch an diesem Abend wieder ins Hayat, so nannte sich *unser* Restaurant. Den ganzen Abend erzählte Moni aus ihrem Leben. Hin und wieder wollte ich ihr sagen, dass sie bei dem, was sie alles so erlebt hatte, mindestens hundert Jahre alt sein müsste. Doch es klang alles sehr amüsant, und so hörten wir einfach zu. Gegen zehn Uhr abends geschah, womit keiner von uns Dreien gerechnet hatte. Zumindest dachte ich das zu diesem Zeitpunkt. Moni bekam einen Anruf. Sie schaute auf ihr Handy.

„Das ist Helmut."

Ihre gespielte Überraschung nahm ich für bare Münze.

„Was will der?"

„Keine Ahnung."

Sie ging ans Telefon.

„Im Hayat. Ja, klar, Emilia und ihre Tochter sind auch mit.“

Am anderen Ende wurde etwas entgegnet.

„Emilia, wie lange wollen wir noch bleiben?“, wandte sie sich an mich.

„Wie spät ist es?“

„11Uhr“, antwortete meine Tochter mit einem Blick auf ihr Handy.

„Eigentlich spät genug“, antwortete ich. „Warum? Wer will das denn wissen?“

„Helmut will jetzt nach Hause fahren. Er würde hier vorbeikommen und uns mitnehmen“, gab sie mir zur Antwort.

Ich zuckte mit den Schultern.

„Mir egal. Sparen wir wenigstens wieder die Taxikosten.“

„Ja, wir gehen jetzt auch nach Hause“, sprach sie ins Telefon.

Moni wartete die Antwort ab.

„Alles klar. Wir werden jetzt bezahlen und noch austrinken. Sagen wir so in zehn Minuten?“

Am anderen Ende des Telefons wurde wieder etwas gesagt.

Moni antwortete darauf: „Alles klar. Bis denn. Tschüss.“

Wir beglichen unsere Rechnung und wollten noch in Ruhe austrinken. Dazu kamen wir aber nicht mehr. Denn schon kurze Zeit nach dem Anruf hielt ein schwarzer VW-Bus. Helmut stieg aus und ermahnte uns, wir sollten uns beeilen. Gepasst hat mir das nicht. Ich war doch im Urlaub und nicht auf der Flucht. Schnell noch das Wasser hintergekippt, Tasche geschnappt und los.

Helmut hielt mir die Autotür auf. Monis Gesicht verfinsterte sich leicht. Für mich war das aber kein Grund. Ich erwarte so etwas von einem Mann. Bei mir daheim angekommen, sprang er aus dem Auto, öffnete mir die Tür und fragte fast ganz nebenbei, ob wir uns am nächsten Tag sehen würden.

Ich musterte ihn von oben bis unten. Er trug einen langen schwarzen Ledermantel. Bei diesem Anblick hatte ich bestimmte Assoziationen, die sich in Richtung Hamburg-Herbertstraße bewegten. Mit einem kessen Lächeln antwortete ich: „Hmm, mal sehen, weiß ich noch nicht.“ Mit siegessicherer Miene antwortete er, er sei sich ganz sicher, dass wir uns am nächsten Tag sehen würden. Spinner, dachte ich so bei mir. Was bildet der sich bloß ein?

Tags darauf wollten wir wieder zum Strand. Doch unterwegs begann es heftig zu regnen. Und als wäre es nicht schon genug, dass der Tag verregnet war, nein, es begann auch noch so zu regnen, dass wir in dem Reisebüro von Helmut, der, wie sich später herausstellte, Idris hieß, gezwungen wurden, Schutz zu suchen. Ein Regenschirm nutzte uns gar nichts, denn der Wind blies so stark, dass der Schirm sich immer wieder selbstständig machen wollte. Naja, wie ein Monster sah Idris ja nicht aus. Er selbst konnte seine geplante Tour nicht antreten, da es zu gefährlich war, mit den Gästen in die Berge zu fahren – bei diesem Wetter.

Was sprach eigentlich gegen eine Einladung zu einem Kaffee? Angenommen! Da mir sein siegessicheres Verhalten vom Vorabend noch im Magen lag, hielt ich mich allerdings sehr zurück. Außerdem kam für mich niemals ein Urlaubsflirt in Frage. Zu viele Geschichten hatte ich bereits von solchen Abenteuern gehört. Uns blieben noch zwei Tage, und dann wären wir wieder zu Hause in Deutschland. Aber irgendwie gelang es ihm, mich in ein tieferes Gespräch zu verwickeln.

Sein Aktionismus stieß mich ein wenig ab. Dennoch blieben wir, notgedrungener weise, in seinem Reisebüro – draußen goss es wie aus Kannen. Sofort wollte er mit mir meine Aufenthaltsgenehmigung erwirken, alles vorbereiten, dass ich meine eigene kleine Firma gründen konnte, hier, in der Türkei. Das alles ging mir jedoch viel zu schnell. Ich war nicht gekommen, um ein neues Leben vorzubereiten, sondern ich wollte mit meiner Tochter ein paar nette Tage genießen. Sein Drängen machte ihn mir nicht gerade sympathischer.

Von Moni hatte ich auch schon den ganzen Tag nichts gehört. Sie konnte unmöglich zur Arbeit gegangen sein. Bei diesem Wetter waren doch keine Gäste am Strand. Dann ein kurzer tränenerstickter Anruf. Sie sei zu Hause, weil auch im Hotel die Leute sich nach drinnen verzogen hätten. Doch warum heulte sie deswegen? Eigentlich hatte sie sich doch immer beschwert, dass sie auch mal einen freien Tag brauche, dass sie ihre Wohnung wieder einmal auf Vordermann bringen wolle. Und jetzt, wo sie diesen Tag hatte, heulte sie, brachte kaum ein Wort heraus. Ich erzählte dies Helmut. Auch er war etwas verdattert.

Und wie um diese etwas komische Situation zu entschärfen, kam ein Junge vorbei. Er hatte eine Menge fangfrischen Fisch dabei. Helmut nahm ihm einfach alles ab. Dann sagte er mir, dass ich Moni anrufen solle. Der Regen hatte in der Zwischenzeit nachgelassen. Ich bat Moni, sich fertig zu machen. Helmut würde sie dann mit dem Auto abholen. Wir würden den anfänglich katastrophalen Tag noch retten und nett grillen. Sie sträubte sich wie ein Teenager.

Durch das Telefon bekniete ich sie. Doch ich schien keine Chance zu haben.

Dann übernahm Helmut das Überreden. Er nahm sein Handy, ging ein paar Schritte, um mit Moni ungestört zu sprechen.

Doch mich machte das nicht weiter skeptisch. In nicht einmal fünf Minuten war alles geklärt. Sie macht sich fertig, er holt sie ab. Was war das denn für eine Show? Dann rief sie mich wieder an. Sie müsse noch ihre dicken Augen pflegen, würde dafür den Kühlstift auflegen. Irgendwie verstand ich das alles nicht so recht. Sollte sie gar ein Auge auf ihn geworfen haben? Er war 45 und sie 62. Nein, ganz sicher nicht. Das wäre lächerlich. Doch auch nicht so abwegig, denn ihr letzter Freund war gerade einmal 27 Jahre alt gewesen. Trotzdem, irgendetwas war nicht ganz normal. Ich fühlte mich ziemlich unwohl. Meine Tochter fand das alles recht lustig, denn er verstand, sie aufzuheitern und mit ihr rumzublödeln.

Wir brauchten noch ein wenig Salat und Öl und Brot.

„Komm“, sagte Idris, „wir fahren schnell zu Migros, den Supermarkt, und kaufen das alles. Wir nehmen den Roller.“

„Was, den Roller? Nee, da fahre ich nicht mit.“

„Komm schon, ich fahre langsam.“

Und ich ließ mich überreden, stieg auf. Er nahm meine Hände: „Du musst dich richtig festhalten an mir.“ Mit diesen Worten schlang er meine Arme um seinen Bauch.

Alles war so verführerisch schön, obwohl sich in meinem Kopf ein gewisser Zweifel breit machte.

Doch dieser Zweifel wurde so nach und nach aus meinem Kopf verbannt. Vor Ort mit den frischen Einkäufen angekommen, nahm er mit geübten Handgriffen die Fische aus. Mir drehte sich dabei der Magen leicht um. Abgespült wurden die Fische in einem großen Eimer mit frischem Wasser. Als sehr hygienisch empfand ich das alles nicht. Dennoch, ich wollte kein Spaßverderber sein.

Schnell waren die Fische gesalzen und mit Pfeffer gewürzt. Als er damit fertig war, suchte er in der Umgebung nach ein paar Steinen. Damit baute er eine Feuerstelle. Mit Holzkohle entfachte er dann recht unproblematisch ein Feuer und legte die Fische auf den Grill made in Turkey.

Es wurden nette Stunden. Nach diesem für mich etwas außergewöhnlichen Grillabend schlug Idris noch vor, bei ihm einen Absacker zu nehmen. Sein Kollege würde Moni und Bine mitnehmen. Er wollte mit mir mit dem Roller nachkommen.

Na, ganz toll. Er ließ meine Gegenargumente nicht gelten. In meinem Bauch machte sich ein neuerliches Unbehagen breit. Doch ich ließ mich breitschlagen. Dieser Mann war so dominant, schon fast übergriffig.

Kurz nachdem Moni mit Bine im Auto entschwunden waren, fuhren auch wir los. Es ging vorbei an meiner Wohnung. Er drehte sich zu mir um: „Ich wohne da, wo auch Moni wohnt. Du brauchst keine Angst zu haben. Ich bin kein Perverser."

Diese Worte ließen meine Panik etwas in geordnete Bahnen kommen. Mir fiel ein Stein vom Herzen, als wir endlich angekommen waren.

Beim Betreten seiner Wohnung schlug mir ein hasserfüllter Blick von Moni entgegen.

Ich wurde unsicher und hielt mich zurück. Nach dem kurzen Absacker, der wirklich nur sehr kurz war, wollte Moni nach Hause. Idris bot sich an, sie zu bringen und bat uns, zu bleiben, denn er wollte uns dann mit dem Auto nach Hause fahren.

Wir warteten also, bis er zurück war. Dann brachen auch wir auf. Auf der Fahrt lud er uns für den nächsten Tag zu einem Ausflug ein. Es sollte nach Side und später auf den riesigen Basar nach Manavgat gehen. Warum nicht? Badewetter war nicht zu erwarten. Also, was sprach dagegen? Bine war sofort begeistert. Er wollte uns am nächsten Morgen gegen 8 Uhr abholen und uns mit zum Reisebüro nehmen. Ich war skeptisch.

Doch am nächsten Morgen rief er pünktlich an, um uns mitzuteilen, dass er vor dem Haus stehe. Wir waren fertig, und mit dem Fahrstuhl ging es abwärts. Schnell stiegen wir in seinen Wagen. Am Reisebüro angekommen stand auch schon der Minibus, der uns nach Side und Manavgat bringen sollte, da. Idris platzierte uns direkt neben dem Fahrer.

Er nahm seinen Platz ein, und los ging es. In Side angekommen, stiegen die Gäste aus, um sich in der antiken Stadt umzusehen. Meine Tochter und ich sollten im Bus sitzenbleiben, wir fuhren mit Idris weiter. Es ging Richtung Stadtmitte und weiter zum Hafen. Hier war ein beschauliches Restaurant, in welchem wir gemeinsam frühstückten. Mit Blick aufs Meer. Ich genoss diesen Ausblick und merkte gar nicht, wie er ganz vorsichtig seine Hand um meine Schulter schlang und ich mich auch schon bei ihm anlehnte. Ich weiß nicht, wie lange ich so saß. Plötzlich wurde ich aus meinen Tagträumen gerissen und schüttelte ihn regelrecht ab. Er reagierte nur mit einem Grinsen.

„Oh, war das aber schlimm. Und du lebst noch."

Da musste ich auch lachen.

Die Zeit drängte. Die Gäste mussten wieder eingesammelt werden, um nach Manavgat weiter zu fahren. Als wir wieder unterwegs waren, klingelte mein Handy. Ich schaute aufs Display. Es war Moni. Ich ging ran.

„Hallo, Moni, wie geht es dir?"

„Na, bist du jetzt glücklich?"

„Wie meinst du das?"

Ich wusste nicht, was diese scharfen Worte zu bedeuten hatten.

„Warum machst du das?"

„Was denn?"

Aufgelegt.

Ich schaute Idris an, schaute Bine an. Ich war verwirrt. Was war passiert? Sollte sich meine schlimmste Vorahnung bewahrheiten?

Wider allen Verstandes hatte sich Moni in Idris verliebt. Und es sollte noch schlimmer kommen, denn...

***

Telefon! Wie eine Bedrohung kommt mir das Klingeln vor. Ich schaue mit Panik in den Augen auf das Handy. Nicht rangehen! Nicht anfassen! Wieder ist es ein Anruf von Idris. Wie lange wird das noch alles dauern? Ich muss die Geduld aufbringen, denn meine Rechtsanwältin hat mir versichert, dass man ihn bald vorführen wird. Das halte ich durch. Nun noch eine SMS.

„Wo bist du?"

Was geht es ihn denn an? Hat er wirklich gedacht, dass ich zu Hause auf ihn warte? Mir kommen langsam Zweifel, ob er überhaupt weiß, was er mir angetan hat. Ich schalte das Handy wieder aus. Deutsches Handy aus, türkisches Handy aus. Ende.

Zu meinen Schmerzen kann ich nicht noch den seelischen Krieg ertragen.

****

Wie ging mein romantischer Trip in eine Zukunft voller Horror weiter?

…

In Manavgat schlenderte ich mit meiner Tochter über den riesigen Basar. Als wir keine Lust mehr hatten, gingen wir zurück zum vereinbarten Treffpunkt und tranken einen Kaffee. Idris flüsterte Sabrina etwas ins Ohr. Sie nickte kurz. Dann nahm er mich an die Hand und lief mit mir los. Quer durch Manavgat. Er lief so schnell, dass ich hinter ihm herrennen musste. An einer großen Hauptstraße blieben wir stehen. Hier nahm er mich wieder an der Hand, und wir rannten über die Straße. Wir stiegen eine breite Freitreppe zu einem kleinen Teerestaurant hinauf. Hier bestellte er zwei Tee, und dann begann er noch einmal, mit mir über eine dauerhafte Aufenthaltsgenehmigung zu sprechen, über die Gründung einer eigenen Firma, den Kauf von Motorrollern und Fahrrädern. Ich schaltete auf Durchgang.

„Überleg‘ es dir noch mal.“

Diese Worte registrierte ich. Sie waren recht scharf herübergekommen. Verdutzt schaute ich ihn an.

Ich nahm noch einmal mein Handy und rief Moni an.

„Moni, was war das vorhin?“, fragte ich sie.

„Du hast mir meinen Freund weggenommen.“

„Ich – dir? Du machst Witze.“

„Ach ja, und warum bist du dann heute nicht am Strand?“

„Weil Helmut uns zu einer Tour nach Manavgat und Side eingeladen hat. Es ist doch heute auch kein Strandwetter. Es läuft nichts zwischen uns. Ich will im Moment auch keine Beziehung. Das weißt du.“

„Sag‘ mal, stellst du dich so dumm, oder bist du so naiv? Er baggert dich an, ohne Ende, und du erzählst mir, es läuft nix?“

„Ok, reg dich mal ab. Wir reden heute Abend.“ Mit diesen Worten beendete ich das Telefongespräch. Ihre Stimme war immer aggressiver geworden.

Als Idris wieder am Tisch war, wollte ich endlich Klarheit schaffen. Ich schaute ihn an.

„Sag mal, was läuft da zwischen dir und Moni?“

„Nichts. Wie kommst du denn darauf. Sie ist eine alte Frau. Was soll ich mit der?“

„Und warum beschimpft sie mich dann, ich hätte ihr den Freund ausgespannt?“

„Woher soll ich das wissen? Was kann ich dafür, wenn sie sich in mich verliebt hat? Ich mich aber nicht in sie.“

Sein Lächeln legte seine weißen Zähne offen. Wie Perlen blitzten sie. Ich mochte diese weißen Zähne.

Mein ungläubiger Blick veranlasste ihn, Moni selbst anzurufen. Wieder ging er ein paar Meter weg, angeblich, um den Straßenlärm auszublenden. Das Gespräch war recht kurz.

„Na siehste, alles paletti.“

Ich nahm es hin, doch innerlich war ich nicht beruhigt. Aber egal, ich wollte mir den letzten Tag Urlaub nicht verderben lassen.

Auf der Rückfahrt ließ er den Fahrer noch in einem Dorf anhalten. Er sprang aus dem Minibus und holte für uns Drei frischgekochte Maiskolben. Einige der anderen Gäste holten sich auch welche. Bine und ich stiegen aus und wir setzten uns gemeinsam mit Helmut auf die dicken Polster, die rund um den Kochtopf lagen. Er tat alles, um mir diesen Tag so schön als möglich zu machen. Und das gelang ihm auch. Ich fühlte mich glücklich ohne Ende.

Es war unser letzter Tag, und so feierten wir den letzten Abend gemeinsam mit Idris und Moni. Und da hat es dann auch bei mir Klick gemacht, obwohl ich mir fest vorgenommen hatte, gegen jegliche Verführungskünste resistent zu sein.

Beim Abschied flüsterte Moni mir ins Ohr: „Schade, meine Süße. Nun ist unsere Freundschaft auch kaputt. Wenn du mit ihm zusammenkommst, können wir nicht mehr befreundet sein.“

Damit ging sie, und mir blieb nicht einmal die Möglichkeit, zu fragen, was sie damit meinte. Wieso können wir nicht mehr befreundet sein, wenn ich Idris mochte. Das war doch sinnlos. Wir hätten unsere geliebten Weibertage oder Weiberabende trotzdem machen können, wenn ich wieder hier war. Ich war nicht mit diesem Mann zusammen. Ich mochte ihn, aber mehr auch nicht.

Auf dem Weg zum Flughafen am nächsten Morgen nahm Idris während des Fahrens meine Hand und fragte mich mit traurigen Augen, ob ich wiederkäme, wann ich wiederkäme. Eigentlich wollte ich sagen: "Nie mehr. Zu dir nie mehr." Doch meine Zunge versagte mir ihren Dienst. "Ich weiß nicht. Wenn ich weg kann, werde ich bald wieder da sein."

Ganz fest drückte er meine Hand.

„Ich werde dich vermissen."

„Ja, weil wir ja schon so viel Zeit miteinander verbracht haben", konterte ich ironisch.

Die Verabschiedung am Flughafen ging dann recht zügig, denn angeblich hasste er Abschiede. Nur noch mal schnell sicherstellen, dass ich auch seine Handynummer richtig abgespeichert hatte.

Und dann passierte das, was mich umgehauen hatte. Er nahm meine Tochter ganz fest in den Arm. Verdammt, er tat das so gut, wie ein richtiger Vater. Und das hat mich und meine Einstellung ins Wanken gebracht. Ja, er hat das - heute bin ich davon überzeugt - hervorragend gespielt. Doch in diesem Moment sah und spürte ich genau das, was ich mir schon seit Jahren für meine Tochter gewünscht hatte. Ich wusste ganz genau, wie sehr sie sich einen Vater wünschte.

Als ich dann im Flugzeug saß, dachte ich viel über diese neue Bekanntschaft nach.

Während des Grübelns verging die Zeit im Flugzeug wirklich im Flug.

Angekommen in München, schickte ich, wie verabredet, eine kurze SMS, dass wir gut angekommen wären. Auf dem Weg vom Flughafen nach Hause verdrängte ich alle Gedanken an ihn. Auch die nächsten Tage meldete ich mich nicht. Dann ein Anruf auf meinem Handy. Von ihm. Ich ging nicht ran, wollte spielen. Minuten später eine SMS: Ich vermisse dich.

Schön, dachte ich. Bald ein erneuter Anruf. Diesmal wollte ich nicht so sein und nahm an.

"Schatzi, wie geht es dir? Ist alles ok bei dir? Wie geht es der Tussi?"

Ja, so nannte er meine Tochter von Anfang an: Tussi. Und das war anscheinend das einzige, was er ehrlich meinte. Dabei war es nicht einmal abwertend.

„Alles bestens bei uns“, war meine knappe Antwort, „und bei dir?“

„Ich vermisse dich so sehr. Wann kommst du wieder?“

***

Wäre ich nur nie wieder zu ihm geflogen, dann würde ich jetzt nicht hier sitzen, mit all meinen Verletzungen - körperlich wie auch seelisch. Denn heute bin ich ein seelisches Wrack, ein Wrack dank eines Mannes, den ich über alles geliebt habe, der mir aber alles genommen hat, alles, was ich geliebt habe, selbst meinen Hund hat er auf dem Gewissen.

Ich muss mich wieder einmal ein wenig anders legen. Das kann eine Weile dauern, denn es geht nur sehr langsam, um die Schmerzen erträglich zu halten.

Und wegen ihm hätte ich beinahe sogar meiner Familie den Rücken gekehrt.

...

***

Ich wusste, ich würde im November wieder nach Antalya fliegen, weil ich dort eine Behandlung gegen die Unbeweglichkeit in meinen Armen nehmen wollte. Der Rückflug sollte vor Weihnachten sein. So hätte ich genügend Zeit, ihn kennen zu lernen.

Also setzte ich mich zwei Wochen später in den Flieger. Kurz zuvor hatte ich Idris Bescheid gegeben, dass ich käme. In der Zeit bis zu meiner Rückkehr rief er jeden Tag an, schickte unzählige SMS. Nur Moni wollte keinen Kontakt mehr. Das ließ mich aber ziemlich unberührt, denn was jetzt zählte, war mein Herzklopfen. Als ich das Flughafengebäude von Antalya verließ, bot sich mir der schon gewohnte Anblick. Menschen über Menschen, die auf ihre Angehörigen aus Deutschland warteten, wimmelten herum. Denn was ich nicht gewusst hatte, war, dass das Schlachtfest bevorstand. Daher flogen viele Türken nach Hause, um an Bayram bei ihren Lieben zu sein.

Ich schaute mich mit großen Augen um, suchte meine Abholung. In diesem Moment fühlte ich zwei Seelen.

Die eine wünschte sich so sehr, endlich den Mann zu erblicken, auf den ich mich so gefreut hatte. Die zweite Seele hoffte, dass er nicht da war. Der Grund dafür war mir nicht ganz klar.

Dann endlich erblickte ich ihn. Frisch rasiert und gestylt, na, wenn sich dieser Mann nicht auf mich freute, dann wusste ich auch nicht. Ich sollte schon bald von seiner ersten schauspielerischen Glanzleistung überzeugt werden.

Doch in diesem Moment waren nur meine Gefühle wichtig. Sie waren es, die mich beherrschten. Meine gesunden Zweifel unterdrückte ich mit aller Kraft.

Er nahm mich wieder liebevoll in den Arm. Ich fühlte mich einfach nur geborgen. Doch diese Geborgenheit sollte sich als Trugschluss erweisen. Noch war daran jedoch überhaupt nicht zu denken. Nicht einen Hinweis gab es für berechtigten Argwohn. Mir kam es so vor, als sollte nun mein großes Glück beginnen. Er wollte mich gar nicht mehr loslassen. Ganz fest hielt er mich in seinen Armen, umschlang mich, küsste mein Haar, drückte mich an sich. Ich war im siebten Himmel angekommen.

…

***

Doch das sollte sich schon bald als ein furchtbarer Irrtum erweisen. Und meine Dummheit schien noch steigerungsmöglich.

Wenn ich daran zurückdenke, laufen mir ungehemmt die Tränen übers Gesicht, und ich lass es geschehen, denn ich schäme mich meiner Tränen nicht mehr. Es sind Tränen der Traurigkeit, der Wut über mich und über ihn, Tränen der Enttäuschung und Verbitterung.

***

Der nächste Tag begann, wie ich es mir immer erträumt hatte. Er brachte Kaffee ans Bett, fuhr dann schnell ins Reisebüro. In dieser Zeit duschte ich, räumte meinen Koffer aus. Den Schrank hatte Idris schon zuvor für mich geräumt, sodass ich Platz genug hatte für meine Sachen. So dämlich war ich in meinem ganzen Leben noch nie gewesen. Nach nicht einmal vier Wochen zogen wir zusammen. Was war nur in mich gefahren? Nicht mal als Teenager habe ich solch unvernünftige Dinge gemacht.

Und er hatte mich verbal so vehement bearbeitet, dass ich zugestimmt hatte, meine schöne Wohnung aufzugeben. Dabei hatte ich sie erst im Sommer gefunden.

Als er zurückkam, fuhren wir in meine Wohnung und holten die restlichen Sachen. Einige Tage später nahm er mich an die Hand und ging mit mir ins Nachbarhaus. Der Fahrstuhl fuhr in den achten Stock. Er zog mich in eine leer stehende Wohnung. Durch den Flur ging es ins Wohnzimmer. Er zog die Balkontür auf, riss förmlich die Jalousien hoch. Ich stand noch in der Tür. Er zog mich an den Rand des Balkons und zeigte mir den Ausblick. Rechts das Meer und die wunderschönen Hotels. Links die Berge und das Dorf. Die Häuser schienen mit Leim an die Felsen der Berge geklebt worden zu sein. Traumhaft, dieser Ausblick. Natürlich würden wir hier einziehen. Also wieder Sachen packen und los. Ich polierte die Wohnung auf Hochglanz.

Am Morgen frühstückten wir auf dem Balkon im Sonnenschein. Frühstück auf dem Balkon im November. Das Leben konnte schöner nicht sein.

Eines Morgens standen wir gemeinsam auf dem Balkon und schauten hinunter auf die Straße. Als wir Moni erblickten, stachelte mich Idris an, sie zu rufen. Ich tat es. Sie schaute nach oben. Und in den Verkehrslärm rief ich: „Komm heute Abend doch einfach mal auf einen Kaffee vorbei. Dann können wir reden."

Bei diesen Worten wandte sie sich abrupt ab. Keine Antwort. Ich wollte diese Freundschaft nicht so einfach aufgeben. Es musste einen Weg geben, dass wir wieder zusammenfinden würden.

***

Als Frau wollte ich perfekt sein und kochte am Abend. Aber Idris kam nicht, und ich schob Kohldampf. Dann endlich rang ich mich durch und rief ihn an. Am anderen Ende des Telefons vernahm ich eine lallende Stimme.

Er war betrunken! Und ich wartete hier mit dem Essen! Na Mahlzeit. Ok, das kann schon mal passieren. Doch auch in den nächsten Tagen setzte sich das Verhalten fort. Und es wurde noch schlimmer. Idris begann mit der Sauferei schon am Vormittag. Trinken konnte man das nicht mehr nennen. Als mir das alles zu viel wurde und ich ihn fragte, was das soll, bekam ich nur zur Antwort, dass er persönliche Probleme hätte. In meiner grenzenlosen Liebe oder Dummheit wollte ich helfen, für meinen Mann da sein.

„Die Mutter meines Sohnes kommt und will hier ihren Urlaub verbringen. Ich muss in dieser einen Woche mit ihr zusammen sein, sonst sehe ich meinen Sohn nie wieder.“

Ich war am Boden zerstört. Was für Aussichten. Er wollte für eine Woche seine Exfrau bei sich haben? Wie sollte das gehen? Anscheinend sollte ich zusammen mit dieser Frau gemeinsam in einer Wohnung leben. Für mich unvorstellbar und unannehmbar. Für eine Woche ein Leben zu dritt! Dieser Gedanke verursachte in mir einen noch nie dagewesenen

Ekel. Was ich nicht wusste, er hatte für diesen Zeitraum noch seine alte Wohnung in der gleichen Wohnanlage behalten. Er war so mitfühlend, dass er mir das dann doch nicht zumuten wollte. Ein bitteres Lachen entfuhr mir, denn er hatte alles, was er mit ihr für diese Woche benötigte, aus unserem gemeinsamen Heim in die Bleibe für ihn und für sie transportiert. Schließlich sollte es der Mama seines Sohnes an nichts mangeln. Und ich – ich durfte in dieser Zeit in meiner, in unserer kahlen, ausgeräumten Wohnung bleiben? Was war hier los? Fern der Heimat fühlte ich mich benutzt, belogen, betrogen. Einsam, verletzt, gedemütigt. Und ständig der Blick in die glückliche Zweisamkeit von Idris und seiner Exfrau. Toller Ausblick.

Innerlich zerrissen, stimmte ich dennoch zu. Dabei ging es mir schon nicht allzu gut. Burnout, Depressionen und jetzt noch diese Probleme.

Das alles war für mich in diesem Moment zu viel.

Als ich allein war, am Tag, als diese Mama seines angeblichen Kindes ankommen sollte, schlüpfte ich schnell in meine Ballerinas. Ich riss die Tür auf, ließ sie ins Schloss knallen und fuhr mit dem Fahrstuhl die acht Etagen nach unten. Wie von Sinnen riss ich die Haustür auf, rannte förmlich bis zur Gartentür der Wohnanlage. Ich überquerte die Straße wie ein gehetztes Tier, sprang den kleinen Abhang hinunter, um dann über die Dünen zum Meer zu laufen. Angekommen am Strand, suchte ich mir einen Platz auf einer Liege. Ich ließ mich nieder und zündete mir eine Zigarette an. Die Sonne ging langsam unter. Es waren kaum noch Menschen am Strand. Tränen liefen mir über die Wangen. Ich fühlte mich in diesem Moment so einsam, wie noch nie in meinem Leben. Das Verhältnis zu meinen Eltern war zu diesem Zeitpunkt auch nicht gerade das Beste, ich vermisste meine Kinder.

Aber vor allem vermisste ich eine starke Schulter, an die ich mich anlehnen konnte. Jemand, der gerade jetzt für mich da war. Doch ich war allein, einsam wie noch nie in meinem Leben.

Rot glühend fiel die Sonne ins Meer. An jedem anderen Tag hätte ich dieses Naturschauspiel genossen. Doch nicht in diesem Moment. Tränen überströmt ging ich zurück. Der Strandwächter sah mich, kam auf mich zu und fragte mich, ob er mir helfen könne. Ich schüttelte nur den Kopf. Wieder an der Straße angekommen, stieg ich in den Bus nach Antalya. Ich ging Richtung Altstadt. Mein Ziel war der Hafen mit seinen romantischen Cafés. Ich wollte irgendwohin fliehen, doch ich wusste nicht, wohin. In einem der vielen Restaurants bestellte ich mir zwei Raki. Mein Handy hatte schon mehrfach geklingelt. Irgendwann hatte ich es ausgemacht. Ich ging am Pier entlang, setzte mich auf den Felsen. In diesem Moment fühlte ich mich leer, ausgebrannter denn je. Ich vergaß alles, was mein Leben bis dahin lebenswert gemacht hatte. Ich spürte, wie ich versteinerte, wie meine Seele starb.

Ich fühlte mich leblos. Mit jeder Minute starb ich ein wenig mehr. Ich weiß heute nicht mehr, wie lange ich so saß. Auf einmal stand die Polizei vor mir und fragte, ob ich Hilfe brauchte. Ich schüttelte den Kopf und gab zu verstehen, dass ich nach Hause fahren würde. Der Polizist schaute mich zwar ungläubig an, dennoch stieg er wieder zu seinem Kollegen ins Auto, und sie fuhren davon. Er schien froh zu sein, dass die Touristin keine Probleme machen würde.

Ich habe keine Ahnung, wie spät es war. Busse fuhren keine mehr. Ich konnte doch die Strecke nicht laufen. Aber was blieb mir weiter übrig. Geld hatte ich nicht mehr und eine Karte nicht dabei. Irgendwo zwischen Antalya und Kundu hielt ein Taxi. Der Fahrer fragte mich, wohin ich wollte. Ich sagte nach Kundu. Er forderte mich auf, einzusteigen, doch ich sagte nein, denn ich hatte ja kein Geld mehr dabei. Ich lief weiter. Langsam fuhr er hinter mir her und forderte mich energischer auf, einzusteigen. Wieder begannen Tränen über mein Gesicht zu rinnen.

Plötzlich stoppte er das Fahrzeug, stieg aus, öffnete die Beifahrertür und schob mich ins Taxi.

Ohne auch nur einen Lira zu verlangen, brachte er mich nach Hause. Ich bedankte mich und ging in meine leere Wohnung. Ich machte kein Licht an. Im Kühlschrank stand noch eine Flasche Bier, die ich mir aufmachte. Und nachdem - ich weiß nicht mehr wievielten Schluck - begann ich hemmungslos zu heulen. Ich warf die Flasche auf den Fliesenboden. Wie in Trance hob ich eine Scherbe auf. Vor lauter Tränen sah ich kaum noch etwas.

„Denis, Sabrina, ich liebe euch, aber ich kann nicht mehr. Ich bin am Ende. Ich habe keine Kraft mehr, zu leben. Alles ist mir zu viel. Alles läuft nur noch schief."

Immer wieder flüsterte ich diese Worte. Ich weiß heute nicht mehr, wie lange ich so da stand. Mein Selbstmitleid nahm kein Ende. Für mich war mein ganzes Leben einfach nur noch verachtenswert. Irgendwann habe ich mir dann die Pulsadern aufgeschnitten, lag im Flur. Auf allen Vieren krabbelnd, holte ich mir noch eine Decke, denn es war mir kalt. Gegen Morgen - es muss so gegen sieben gewesen sein - klingelte es an der Tür, was ich wie durch einen Schleier wahrnahm. Es klopfte. Ich hatte keine

Kraft, die Tür zu öffnen, und ich muss so gelegen haben, dass die Tür kaum aufging.

Ich spürte das Türblatt an meinem Körper. Also lebte ich noch. Doch mir fehlte die Kraft, aufzustehen. Wie durch Nebel nahm ich Idris wahr. Ich hauchte nur: „Geh'. Bitte lass mich allein."

Er blickte auf mich herab und schrie: „Was hast du gemacht? Bist du verrückt?" Gleichzeitig hob er mich hoch, trug mich auf seinen Armen ins Wohnzimmer. Ich spürte seine Tränen auf meinem Körper, auf meinem Gesicht. Er zog mich aus, denn meine Sachen waren vom Blut durchtränkt. Er holte neue Sachen und suchte verzweifelt nach etwas, womit er die Blutung stoppen konnte. Mit jedem Herzschlag schwappte das Blut aus meinem Arm.

Er versuchte mit zwei Geschirrtüchern die Blutung zu stoppen.

„Du musst ins Krankenhaus", waren seine Worte. Er rannte in die Küche und kam nach einer kurzen Weile mit Kaffee zurück. Wieder brachte er mir Kaffee, doch diesmal nicht ans

Bett, sondern ans Sofa, wo er mich in der Zwischenzeit abgelegt hatte.

Löffelweise flößte er mir den Kaffee ein. Dann holte er Weißbrot und fütterte mich.

Obwohl ich eine Menge Blut verloren hatte, brachte mich der Kaffee langsam wieder etwas auf die Beine. Idris wischte die Wohnung. Das Blut schien sich zu vermehren. Dann setzte er mich in den Bus und ich fuhr zu einem befreundeten Apotheker. Ich wusste, dass der auch Arzt war. Doch er konnte mir nicht helfen, da er kein Nahtmaterial hatte. Ich konnte mich kaum auf den Beinen halten.

Der Apotheker beschwor mich eindringlich ins Krankenhaus zu fahren und mich dort behandeln zu lassen. Was ich nicht wusste, war, dass er, während ich auf den Bus wartete, im Krankenhaus angerufen hatte, um dort Bescheid zu geben, dass ich kommen müsste. Man sollte ihm Bescheid geben, wenn ich da wäre.

Sonst hätte er mich gesucht. Er kannte Moni und hätte mich so gefunden. Im Krankenhaus wurde mein Arm wieder zusammengeflickt.

Auf die Frage, was passiert sei, habe ich eine Ausrede gebraucht.

„Ich habe mich beim Fleischschneiden mit dem Messer verletzt. Das Fleisch war noch gefroren, und ich bin abgerutscht.“

Geglaubt hat mir das keiner der Ärzte. Doch mit einem wissenden Lächeln gab man mir das Gefühl, diese Begründung zu glauben.

....

***

Tut mir leid, aber ich brauche eine kurze Pause. Es fällt mir schwer, das alles noch einmal zu erleben. Ich kann das heute alles nicht mehr verstehen. Was war nur in mich gefahren, dass ich so reagiert hatte? Und dabei weiß ich heute, dass er nicht eine Träne Wert war, schon gar nicht so eine Handlung. Und er kann noch heute frei herumlaufen. Wo er ist, ist mir unbekannt. Ich weiß nur eines, immer wenn ich mein Handy anschalte, sind neue Anrufe darauf zu sehen. Anrufe von einem Mann, der mich fast umgebracht hat, der mich wie ein

Tier durch die Wohnung geworfen hat. Mein Gesicht sieht immer noch zugeschwollen aus.

Obwohl ich jeden Tag kühle, gehen die Schwellungen nicht zurück. Das liegt wohl an der Hitze. Und die Schmerzen scheinen auch immer unerträglicher zu werden. Besser auf keinen Fall.

Immer wieder frage ich mich, wie ich an so einen Menschen, wenn man Idris überhaupt als solchen bezeichnen kann, geraten konnte. Doch eine Antwort werde ich wohl nie in meinem Leben darauf bekommen.

***

Als ich in die Wohnung zurückkam, wartete er schon auf mich. Er sah mich an, mit Tränen in den Augen. Ganz fest, ohne ein Wort zu sagen, drückte er mich an seine Brust. Ich legte mich ohne ein weiteres Wort auf das Sofa. Die Betäubung ließ langsam nach, und ich spürte unheimliche Schmerzen.

Ich legte meinen Arm so, dass die Narbe nach oben zeigte, um so wenig Schmerzen wie möglich zu haben.

"Ich geh dann mal ins Office", sagte er tonlos und verschwand.

Die nächsten Tage verbrachte ich nur in der Wohnung. Eines Tages teilte er mir mit, dass er mit meiner Tochter Kontakt aufgenommen hätte und sie uns in einer Woche besuchen würde, zwar nur für ein verlängertes Wochenende, aber wenigstens kam sie. Ich freute mich riesig, und es ging mir ja auch von Tag zu Tag besser. Zwar war ich noch sehr schwach, doch durch den Schlaf, den ich mir jeden Tag gönnte, konnte ich wieder Kraft sammeln.

Auch war es mir möglich, wieder mit ins Reisebüro zu gehen. Hier fragten alle, was ich denn gemacht hätte. Ich erzählte dieselbe Lüge wie auch im Krankenhaus. Einer, der in einem benachbarten Geschäft beschäftigt war, grinste mich an und meinte, ich solle das seiner Mütze erzählen. Dann fragte er mich, ob Idris das wert sei. Ich wandte mich ab. Die letzten Tage liefen einigermaßen normal.

Das bedeutet ohne Alkoholexzesse. Sollte jetzt doch alles wieder gut werden? Diese Frau war auch wieder weg, und alles schien sich zu normalisieren. Doch irgendwie hatte ich immer noch das Gefühl, dass er mich mehr als verarscht hatte. Ich konnte es Idris nicht abkaufen, dass diese Frau die Mutter seines Sohnes war. Gekonnt hatte er uns immer so gehalten, dass wir uns nicht begegneten.

Zwei Tage bevor meine Tochter ankommen sollte, saßen wir nach Büroschluss noch in einem kleinen Market zusammen mit ein paar seiner Freunde, die ich nicht mochte. Doch ich versuchte, gute Miene zum bösen Spiel zu machen.

Als wir beschlossen, zu gehen, hatte er schon wieder ziemlich viel getrunken. Zu Hause angekommen, musste ich mich endlich über sein Trinkverhalten mal äußern. Ich musste meinen Frust endlich einmal rauslassen. Es ging nicht mehr. So was hatte ich in meinem Leben noch nicht erlebt. Ich war es nicht gewohnt, mit einem Trinker zusammen zu sein.

Ich hatte immer ein gesundes Verhältnis zu Alkohol gehabt. Doch das hier überstieg meine Kräfte. Und als sei er von Sinnen, packte er mich, stieß mich ins Schlafzimmer, warf mich aufs Bett. Ich versuchte mich zu wehren. Was ich dann erlebte, ließ mir das Blut in den Adern erfrieren. Er kniete sich auf mich, mit all seinem Gewicht. Dann würgte er mich, sodass ich fühlte, wie ich langsam das Bewusstsein verlor.

„Ich bring dich um, wenn du nicht endlich deine Schnauze hälst. Verstehst du das? Ich trinke, wann ich will und wie viel ich will."

Er drückte immer weiter zu. Ich konnte nur noch japsen.

„Übermorgen kommt Sabrina", röchelte ich.

Das schienen die richtigen Worte gewesen zu sein, denn als sei ein Schalter in seinem Kopf umgelegt worden, ließ er von mir ab und verließ das Schlafzimmer, er ging ins Wohnzimmer. Ich blieb auf dem Bett liegen. Erschöpft schlief ich ein. Was mir eben passiert war, nahm ich gar nicht richtig wahr.

Es kam mir vor, als wäre eben ein Film vor mir abgelaufen. Das war nicht mir passiert, unmöglich.

Am Morgen ging ich ins Bad und glaubte nicht, was mir der Spiegel präsentierte. Blutunterlaufene Augen, beim Zähneputzen spuckte ich Blut. Doch die Perfidität steigerte sich noch, als mich Idris fragte, was ich in der Nacht gemacht hätte. Ich fühlte mich total verhöhnt. Er hatte mich fast umgebracht und besaß die Frechheit, mich zu fragen, was ich gemacht hatte. Das konnte doch alles nicht wahr sein. Und was tat ich? Ich nahm es hin. Warum eigentlich?

Ich drehte mich einfach weg. Ich wollte nicht mit ihm sprechen. Nicht jetzt. Die Angst saß mir noch im Genick. Ich ging in die Küche, um mir einen Kaffee zu machen. Mit meiner Tasse setzte ich mich an den Tisch und schaute aus dem Fenster. Wie sollte das alles nur weitergehen? Das leere Geschirr stellte ich mit regloser Miene in den Abwasch, griff meine Tasche und verließ die Wohnung. Noch im Fahrstuhl klingelte mein Handy.

„Sag mal, spinnst du jetzt total? Wohin gehst du? Willst du, dass jeder sieht, wie verrückt du bist?“

„Ach komm, lass mich in Ruhe. Ich muss einfach mal hier raus. Ich halte das mit dir nicht mehr aus.“

Mit diesen Worten drückte ich ihn weg, denn ich hatte weder Lust noch Kraft, jetzt mit ihm zu streiten. Außerdem: wer war denn verrückt? Ich bestimmt nicht.

Und doch kehrte ich zurück zu ihm, als hätte ich nicht genug gehabt.

***

Ich sitze jetzt hier in meinem Versteck, und ein bitteres Lachen verlässt mein Gesicht. Was habe ich nur alles auf mich genommen, in der Hoffnung, von dieser Kreatur geliebt zu werden? Habe ich das notwendig? Schau dir doch mal Bilder von dir an, ruft meine innere Stimme. Nicht so, wie du jetzt aussiehst, sondern wie du zuvor ausgesehen hast. Das ist doch kein Mann wert, dass du dich so zerstören lässt. Du bist eine gutaussehende Frau, bist intelligent, hast studiert. Viele Fragen schießen mir durch den Kopf, viele Selbstvorwürfe werden laut.

***

Am Abend, als meine geliebte Tochter ankommen sollte, war er wie besessen, denn er wollte doch den tollen Stiefvater verkörpern. Überpünktlich mussten wir am Flughafen stehen. Zu Hause kochte er gemeinsam mit ihr. Er schickte mich weg, wollte das Essen nur mit „der Tussi" vorbereiten. Viel zu schnell war das Wochenende vorüber. Ich genoss diese Tage unendlich, denn er riss sich zusammen, verwöhnte sie. Ja, er spielte seine Rolle wirklich gut. Als sie abgereist war, zählte ich einfach nur die Tage, bis auch ich zurückfliegen konnte, denn den Rückflug hatte ich schon gebucht. Endlich war es soweit, ich kehrte zu Weihnachten in die Heimat zurück.

Mit Idris blieb ich über Internet in Kontakt. Er schien zu spüren, dass ich versuchte, mich von ihm zu lösen. Täglich sprachen wir über MSN-Messenger.

Meine anfängliche Euphorie war längst verflogen. Zu viel war in den sechs Wochen geschehen. Immer wieder warnte mich mein Verstand, und mir war bewusst, dass der Recht hatte. Dieser Mann würde mich an den Abgrund bringen, oder sogar noch weiter.

Das Weihnachtsfest kam, doch mir war in diesem Jahr nicht nach Weihnachten zumute, obwohl ich mir viel Mühe gab, mir dies nicht anmerken zu lassen. Unendlich viel Kraft kostete mich meine Rolle als glückliche Mutter. Zwischen den Feiertagen erreichte mich dann ein Anruf einer Freundin aus Hamburg. Nüchtern wie immer, erzählte sie mir, sie hätte wohl schlechte Nachrichten für mich. Es ginge um Idris. Sie sei sich zwar noch nicht ganz sicher, müsse noch das eine und andere recherchieren, doch ich solle vorsichtig sein. Ich verstand all das nicht. Was hatte sie da gesagt? Er wird auf dem Kiez in Hamburg gesucht. Auf sein Konto gehe bereits ein Mord an einer jungen Frau. Doch das wäre noch nicht ganz sicher. Sehr intensiv mahnte sie mich zur Vorsicht. Warum war ich nur so skeptisch? Ich hatte doch seine Brutalität bereits am eigenen Leib gespürt.

Und zum anderen kannte ich Rebecca, besagte Hamburger Freundin, doch schon lange genug, dass ich wusste, sie würde so etwas niemals sagen, wenn sie keine handfesten Beweise dafür hatte. Aber – wie war ich dumm - der Abstand zu Idris verstärkte meine Sehnsucht nach ihm. Ich hatte so gehofft, dass der Abstand mir auch Abstand zu dieser Beziehung bringen würde. Ich lebte wie in zwei Körpern. Der eine war vernünftig genug, zu wissen, dass nur ein konsequenter Bruch mit diesem Mann mich wieder in mein normales Leben zurückbringen konnte. Und dann war da die andere Seite von mir. Sie sah nur die schönen Stunden mit diesem Mann, glaubte wider allen Verstandes an das Gute in ihm.

Trotz aller Erfahrungen, die ich bereits mit Idris gemacht hatte, buchte ich einen Flug für die gemeinsame Silvesterfeier in Antalya. Bine begleitete mich.

Um Mitternacht war es dann so weit, das neue Jahr begann recht liebevoll, so, wie ich ihn kennengelernt hatte.

Gemeinsam schauten wir uns das Feuerwerk der umliegenden Hotels vom achten Stock aus an.

„Das neue Jahr wird für uns beide besser werden“, flüsterte er mir ins Ohr, „wir werden es allen zeigen. Es wird unser Jahr werden.“

Und dann der Satz, den ich nie von ihm erwartet hatte: „Emilia, ich liebe dich, ich liebe dich wirklich von ganzem Herzen.“

Eigentlich hätte ich mich freuen müssen, aber in mir regte sich nichts. Ich war leer. Ich nahm den Satz hin. Schon bald ließen wir unsere kleine gemütliche Feier ausklingen.

Gegen halb zwölf am ersten Tag des neuen Jahres weckte mich Idris mit Musik, er scheuchte mich aus dem Bett. Meine Tochter wollte mit ihren Freunden den Tag verbringen, bevor wir wieder Richtung Deutschland mussten. In Windeseile zog ich mich an.

Idris grinste mich schon die ganze Zeit an. Was er nur vor hatte? Immer wieder mahnte er mich zu Eile. Er machte mich fast wahnsinnig.

Dann schob er mich durch die Tür, in den Fahrstuhl und ins Auto.

„Wo fahren wir denn hin?“, fragte ich ihn.

„Lass dich überraschen“, erhielt ich nur als Antwort.

Ich glaube heute, dass es dieser Moment war, wo ich wieder an eine gemeinsame Zukunft glauben konnte. Silvester ohne Alkoholabsturz. Das neue Jahr begann mit Sonnenschein und einem geheimnisvollen Tag. Ich fühlte wieder so etwas wie Glück. Er fuhr Richtung Alanya. Der Weg dorthin ist traumhaft. Und er erzählte mir aus seinem Leben, das eng mit Alanya und dessen Umgebung verbunden war. Und dann kam, was ich mir nie hätte träumen lassen. Wir fuhren durch mehrere Tunnel. Als wir den letzten Tunnel passiert hatten, kamen wir an die Küstenstraße. Unglaublich. Sie führt parallel zum Meer. Nicht nur die Sonne blendete mich, sondern auch meine Tränen, die mir in die Augen schossen. Die Sonne spiegelte sich im Meer, und das Wasser blinkte, als seien Millionen von Diamanten darin verborgen.

„Halt bitte an“, bat ich mit erstickter Stimme.

„Warte noch ein wenig. Gleich halte ich an.“

War das nicht unglaublich. Einfach filmreif. All das, was er mir an diesem Tag zeigte, machte mich einfach nur glücklich. Ich genoss diesen Tag und vergaß all das, was mir im letzten Jahr passiert war. Wir hielten in einer kleinen Seitenstraße, stiegen aus und schlenderten zum noch verwaisten Strand. Hier angekommen, genoss ich den traumhaften Ausblick. Wir gingen weiter, kletterten über Felsbrocken. Idris brachte mich an eine kleine Höhle.

„Steck deinen Kopf hier hinein und wünsche dir etwas. Das geht dann in Erfüllung. Man nennt diese Grotte die Wunschhöhle.“

Mit einem Lächeln tat ich, was er mir gesagt hatte. Wir saßen auf einem Felsvorsprung und ließen das Panorama auf uns wirken.

Mein Verstand flüsterte mir dennoch immer wieder ins Ohr: „Das ist kein Mann für dich.“

Ich glaubte meinem Verstand, mein Herz aber schrie lauter und schaffte es, meinen Verstand zu übertönen.

Irgendwann fuhren wir wieder zurück. Auf dem Rückweg bog er in eine Seitenstraße ein. Mir wurde recht flau im Magen. Was sollte das?

„Wo fährst du hin?“

„Warte doch mal ab. Nerv nicht immer so.“

Idris war plötzlich aufgekratzt. Er lachte, war fröhlich. Das hatte mir in den letzten Wochen des letzten Jahres so gefehlt. Immer dann, wenn ich lustig war oder zu Unsinn aufgelegt, bremste er mich mit seinem Verhalten regelrecht aus. Dadurch hatte sich meine Depression zusehends verstärkt.

Doch jetzt ging es mit guter Musik ins Hinterland. Eine Dorfstraße. Straße? Nur mit viel Phantasie konnte man das als Straße bezeichnen. Es war eher eine Schotterpiste. Deshalb fuhr er nur langsam. Als wir einen Schäfer sahen, hielt er an, stieg aus und sprach mit ihm.

Ich blieb im Auto sitzen. Ich hatte ein ungutes Gefühl. Nach einem kurzen Wortwechsel sprang er wieder ins Auto, und die Fahrt ging weiter, noch tiefer in die Pampa hinein. Mir wurde zunehmend mulmiger. Dann hielt er vor einem fast abbruchreifen Haus. Die Fenster waren mit Brettern vernagelt, nur ein paar Sehschlitze waren vorhanden. Als wir anhielten, zeigte sich an einem dieser Sehschlitze der Kopf einer alten Frau. Sie trug ein weißes Kopftuch. Lauthals fragte sie, was wir hier wollten. Idris sprach mit ihr, sie streckte den Arm durch Schlitz und zeigte auf einen Schuppen, der auch bald zusammenzufallen schien.

„Komm, steig aus!“, rief er mir euphorisch zu.

„Hier? Nee. Niemals steige ich hier aus.“

„Zick jetzt nicht rum und steig endlich aus.“ Sein Ton wurde schärfer.

Mit Unbehagen verließ ich das Auto. Er war schon weiter gegangen und hinter diesem komischen Schuppen verschwunden.

Ich stand neben der noch offenen Autotür und schaute mich um, als plötzlich ein riesengroßer Schäferhund auf mich zugerast kam. Er sprang mich an, legte seine Vorderpfoten auf meine Schulter und schleckte mir einmal quer übers Gesicht. Die Frage nach Make-up war somit geklärt. Mit einem breiten Grinsen kam Idris hinter dem baufälligen Schuppen hervor: „ Das ist Cakal, mein Hund. Ich hatte ihn hierher in Pflege gegeben, weil ich keine Zeit für ihn hatte. Er scheint dich zu mögen."

„Hm. Hallo, Cakal."

Langsam kam Idris wieder Richtung Auto. Er betrachtete die sich ihm bietende Situation mit Freude. Nach einer kurzen Pause sagte er zu mir: „Komm, steig ein. Wir fahren. Die Tussi ist vielleicht schon zu Hause und wartet, und ich will für euch noch kochen."

Ich sollte den holprigen Weg nach unten fahren, weil er sich um Cakal kümmern wollte.

Doch das klappte nicht so recht, denn dieser meinte, mir seine Pfoten auf die Schultern packen zu müssen und seinen Kopf auf meinen Kopf.

Da spürte ich, wie schwer ein Hund sein kann. Cakal hätte eigentlich nur noch einen Kommentar zu meiner Fahrweise abgeben müssen.

Unten angekommen machten wir wieder Fahrerwechsel. Ich saß mit Cakal hinten, sein Kuschelpotential war für mich überwältigend spürbar. Er hockte auf meinem Schoss uns schlabberte genussvoll über mein Gesicht. Doch ich genoss die Fahrt.

Zu Hause angekommen war die Wohnung noch leer. Nach einem kurzen Anruf wusste ich, dass meine Tochter auf dem Heimweg war. Schon bald würde sie auch da sein.

Als wir den Fahrstuhl hörten, gab Idris Cakal die Anweisung, sich vor die Tür zu setzen. Binchen schloss die Tür auf und konnte nur einen Überraschungsschrei ausstoßen, denn mit einem Hund als Begrüßung hätte sie niemals gerechnet. Auch sie wurde gleich angesprungen und abgeschleckt. Die ersten Freundschaftsbande waren geknüpft.

Nach diesem wunderschönen Januarabend ging es zurück nach Deutschland.

In den Augen von Idris las ich die Frage, wann ich wiederkommen würde. Ich antwortete jedoch nicht, denn eigentlich wollte ich mein Leben wieder ordnen. Und das konnte ich nicht mit einem Alkoholiker an meiner Seite. Längst war mir klar, dass er ein massives Problem mit Alkohol hatte. Doch eine Woche später stand ich schon wieder vor meiner Tür, und er empfing mich in meiner Wohnung mit meinem Lieblingsessen – weiße Bohnen mit Ketchupsoße.

***

Wenn ich heute daran zurückdenke, hätte mir auffallen müssen, dass etwas nicht stimmte. Es fehlten immer mal wieder Sachen aus der Wohnung. Doch in diesem Moment war mir das alles nicht bewusst. Heute weiß ich, dass all seine Bemühungen nur darauf zielten, seine Bedürfnisse auf die Reihe zu bekommen, und zwar auf meine Kosten. Ich redete mir immer wieder ein, dass es mir da gut gehe, doch dem war nicht so. Es ging mir immer schlechter. Ich fühlte mich ohne jegliche Lebensenergie. Seine Anwesenheit nahm mir alles – Kraft, Mut, Lebenslust.

Doch meine Liebe machte mich blind. Vielleicht war es aber auch mein Bestreben, geliebt zu werden.

Dabei war ich nur Mittel zum Zweck, was er mir schon bald ganz deutlich zeigen würde.

***

Am nächsten Tag ließ er dann das erste Mal die Katze aus dem Sack. Er wollte ein eigenes Reisebüro eröffnen. Das notwendige Kleingeld dazu fehlte ihm aber. Alle behördlichen Genehmigungen sollten eingeholt werden. Und ich sollte das finanzieren! Aha! Ich sah das anders.

Seit fast drei Monaten tat er nichts, lebte von der Hand in den Mund, so glaubte ich jedenfalls. Ich kam auf für Miete, Strom, Wasser und Essen. Dabei ging er mit meinem Geld nicht zimperlich um. Es fehlte an nichts. Als ich jedoch kein Geld mehr hatte, beendete er unsere Beziehung. Er packte in Windeseile seine Klamotten, parkte sie irgendwo zwischen – wo, weiß ich bis heute nicht -, nahm Cakal - und war auf und davon.

Als ich in die Wohnung kam, fand ich noch ein halbes Brot, etwas Kaffee und Tee. Damit musste ich eine Woche überleben.

Der Rückflug war zwar schon gebucht, doch bis dahin musste ich die Zeit überbrücken. Und außerdem musste ich auch noch an meinen Koffer kommen. Diesen hatte er freundlicherweise mitgenommen. Auch der Schlüssel für die Wohnung war noch in seinem Besitz. Ich ahnte nichts Gutes. Hatte ich doch immer wieder gehört, dass die Männer, wenn sie ausgezogen waren, einfach nachts vor der Tür stehen oder besser in der Wohnung. Das wollte ich mir ersparen. Ich beschloss, mir ein neues Schloss zu kaufen, wenn ich wieder Geld hätte. Bis dahin musste ich jedoch darauf achten, dass ich den Schlüsselbart immer so drehte, dass er waagerecht im Schloss war. Dann würde Idris nicht mehr in die Wohnung kommen können. Und das tat ich auch gleich am ersten Abend, was sich als weise erwies.

Ich konnte nicht richtig schlafen in dieser ersten Nacht, obwohl ich total erschöpft war. Da! Erst hörte ich den Fahrstuhl.

Ich hielt den Atem an. Er stoppte auf meiner Etage. Ich hörte, wie die Fahrstuhltür aufgestoßen wurde. Mein Herz raste.

Ich sah durch die Glasscheibe der Wohnzimmertür, wie das Licht im Hausflur anging. Ich versuchte, den Atem anzuhalten. Doch mein Herz schlug so sehr, dass ich glaubte, dass man es draußen vor der Tür hören würde.

In Socken und auf Zehenspitzen schlich ich zur Tür. Als ich die Wohnzimmertür leise öffnete, vernahm ich schon, wie an der Wohnungstür von außen versucht wurde, das Schloss zu öffnen. Ich wusste, dass das Idris war. Wer sonst hätte in meine Wohnung gewollt. Schnell und mit aller Vorsicht kontrollierte ich im Dunkeln, ob der Schlüssel noch so im Schloss steckte, wie ich ihn vor dem Schlafengehen hineingesteckt hatte. Alles bestens. Ich schaute durch den Spion, um sicher zu gehen, dass es Idris war. Ja, er war es.

Torkelnd versuchte er immer wieder, den Schlüssel ins Schloss zu stecken. Es gelang ihm nicht. Trotz aller Angst, die ich in diesem Moment hatte, musste ich über die witzige Figur, die er abgab, lachen. Schnell hielt ich mir jedoch den Mund zu. Ich drehte mich um und lehnte mich mit dem Rücken gegen die Tür. Nun schlug er mit der Faust dagegen.

Ich zuckte bei jedem Schlag zusammen. Als auch das nichts half, klingelte er und rief meinen Namen. Ich zitterte am ganzen Körper, den Herzschlag spürte ich in meinem Hals. Da er nicht aufzugeben schien, flüsterte ich: „Bitte, geh, bitte. Lass mich in Ruhe."

„Du Schlampe, mach endlich die Tür auf. Lass mich rein, oder ich trete die Tür ein."

Mein Herz schien aus meiner Brust springen zu wollen. Doch ich blieb standhaft, hatte ich doch zu viel Angst, was mir blühen würde, wenn er im Zimmer stünde.

„Nein. Bitte geh doch endlich“, flehte ich im Stillen.

Mit dem Rücken und ausgebreiteten Armen lehnte ich mich gegen die Tür, als wollte ich sie so festhalten. Dann traf mich ein Schlag. Er hatte von außen gegen die Tür getreten.

Dabei musste er sich wohl am Fuß wehgetan haben. Sind doch alle Wohnungstüren aus Stahl. Meine Angst nahm immer stärker zu. Ich nahm all meinen Mut zusammen und sagte ganz ruhig: „Bitte geh jetzt. Du bist ausgezogen und außerdem total besoffen. Wenn du jetzt nicht gehst, rufe ich die Security.“

An der Wohnungstür war es ganz still. Vorsichtig drehte ich mich um und sah durch den Türspion.

Er stand immer noch vor der Tür.

„Du machst also nicht auf.“

„Nein. Und wenn du jetzt nicht auf der Stelle gehst, rufe ich wirklich die Security."

Noch einmal mit aller Wucht gegen die Tür tretend, drehte er sich um und ging Richtung Fahrstuhl. Unter wüsten Beschimpfungen riss er die Tür auf, und der Fahrstuhl setzte sich in Bewegung. Ich rannte wie von Sinnen ins Kinderzimmer, um von hier aus nachzusehen, ob er auch wirklich Richtung Ausgang ging.

Dabei gab ich Acht, dass er, wenn er sich umdrehen und nach oben schauen würde, mich nicht sehen konnte. Als ich mir sicher war, dass er endlich weg war, sank ich auf dem Boden zusammen, und meine Angst entlud sich in einem Meer von Tränen. Den Rest der Nacht konnte ich kein Auge mehr schließen. Am nächsten Tag führte mich mein erster Weg zum Hausverwalter, der mir sofort ein neues Schloss einsetzte. Nun war ich sicher. Idris konnte nicht mehr in die Wohnung.

Um so wenig wie möglich Hunger zu entwickeln, versuchte ich, jeden Tag so lange es nur ging zu schlafen. Dann einen Kaffee. Doch auch der war irgendwann alle. So blieb mir nur übrig, mich auf die Socken zu machen, um vielleicht von Bekannten zum Essen eingeladen zu werden. Betteln um Geld kam für mich nicht in Frage. Dafür war ich viel zu stolz. Ich hoffte, dass keiner etwas von alldem mitbekam.

Am Basar arbeitete eine Deutsche. Sie musste wohl meine Lage bemerkt haben, denn sie verwickelte mich in ein Gespräch, holte, ohne zu fragen, einen Kaffee. Von dem nahen Market hörte ich die lallende Stimme von Idris, der lachte und sich seine Birne mal wieder zukippte.

Silke, so hieß die Frau, bot mir auch Zigaretten an. Ich lehnte dankend ab. Ihr durchdringender Blick ließ mich zunehmend unsicher werden.

Das Geschäft lief schlecht. Kunden waren weit und breit nicht zusehen. So schloss sie den Laden und nahm mich mit zu sich. Wir sprachen wenig. Sie kochte für mich. Dabei hatte sie nicht gefragt, ob ich Hunger hatte. Sie stellte mir einfach den Teller hin, und ich begann zu futtern. Das tat so gut. Mir war klar, dass die Beziehung zu Ende war. Und irgendwie ging es mir trotz Hunger besser.

Auch andere hatten mitbekommen, dass ich anscheinend pleite war. Man bot mir Geld an. Doch mein Stolz war größer. So weit würde ich mich nicht herablassen. Lieber hungerte ich. Geld zu borgen, noch dazu von Fremden, war für mich Tabu. Ich hatte mich doch selbst in diese Situation gebracht.

Ich glaube, ich habe mich in meinem ganzen Leben noch nie so über den Zahltag gefreut. Ich ging einkaufen, holte mir Hähnchenmagen und –leber.

Schnell ging ich nach Hause, habe alles angebraten und dann sofort alles verschlungen. Am Nachmittag fuhr ich mit Silke in die Stadt. Ich lud sie ein. In einem kleinen Café redeten wir viel. Sie verstand mich. Das war mir neu, dass mich ein Mensch verstehen konnte. Als sie mir aus ihrem Leben erzählte, war mir schnell klar, weshalb sie mich so gut verstand und sie, auch ohne eine Andeutung von mir, gewusst hatte, in welch trauriger Lage ich mich befand. Sie wurde für mich eine Vertraute und Seelenverwandte, teilten wir doch ein gemeinsames Schicksal.

Ich fand wieder mehr Lebensfreude. Irgendwann traute ich mich dann auch, Moni anzurufen. Sie wusste bereits alles, fast alles. Wir beschlossen, gemeinsam ihren Geburtstag zu feiern. Ich war so froh, dass ich noch am Nachmittag in die Stadt fuhr. Ich kaufte ein nettes Geschenk für sie. Und es war dieser Tag, an dem ich wieder anfing, mich auf meine alten Wurzeln zu besinnen. Ich bummelte durch die Stadt und entdeckte auch ein Geschäft mit Wolle. Ich ging hinein und glaubte nicht, was ich da sah.

Ich war in ein Wollmekka geraten. So ein Überangebot hatte ich noch nie gesehen. Und um mir nach all den traurigen Monaten und Wochen wieder mal etwas Gutes zu tun, kaufte ich Wolle für einen Pullover. Warm musste er sein, denn abends fror ich oft.

Der Abend mit Moni war so schön. Gegen zehn fuhren wir gemeinsam mit dem Bus nach Hause. An der Kreuzung trennten wir uns. Wir beschlossen, wieder mehr Zeit zusammen zu verbringen. Doch viele Gelegenheiten hatten wir nicht mehr, flog ich doch bald wieder nach Hause.

In der Wohnung angekommen, schaltete ich meinen Wasserkocher an, denn ich wollte mir noch einen Tee machen, bevor ich mich schlafen legte.

Während ich so meinen Tee schlürfte, ließ ich den Tag und besonders den Abend noch einmal an mir vorüberziehen.

Mit einem Lächeln auf den Lippen stellte ich fest, dass das Leben so schön sein kann, auch ohne Mann. Oder sollte es heißen: gerade weil ich Single war? Egal, das Leben ist schön, war das Fazit des Tages.

Idris setzte ich unter Druck, mir endlich meinen Koffer zurückzugeben. Er zögerte die Übergabe hinaus, er wusste, wann ich zurückflog. Am letzten Abend sollte ich mir den Koffer holen. Ich wusste, dass er keine Bleibe hatte. Er schlief vor einem Massagestudio auf einer Liege. Ich ging, um mir meinen Koffer zu holen. Ich hatte ihn schon in der Hand, als er mich bat, noch einmal zu reden. Eigentlich wollte ich nicht mehr reden. Doch er kam hinter mir her und hielt mich am Arm fest. Ich sah auf meinen Arm und dann in seine Augen. Mein Blick schien ihn nicht zu beeindrucken. Er nahm mir den Koffer ab, verlangte die Autoschlüssel. Den Koffer packte er ins Auto.

„Lass uns doch noch einmal reden“, bat er mich.

„Was wollen wir reden? Es ist vorbei. Und es ist gut so. Es geht mir ohne dich viel besser. Also lass mich in Ruhe“, gab ich mit entschiedener Stimme zurück.

„Bitte, nur ganz kurz. Dann kannst du entscheiden und gehen, wenn du willst. Oder hast du mich nie lieb gehabt?“

Und als er auch noch nach Cakal rief, war ich wieder eingelullt, er nutzte das schamlos aus. Wir gingen zum Strand. Es war schon dunkel. Er drehte mich zu sich und bat um Verzeihung. Tränen standen in seinen Augen, als er mir seine Liebe wieder einmal gestand.

Ich hörte seine Worte: „Gib mir noch eine Chance! Lass es uns noch einmal versuchen. Bitte."

Und ich gab sie ihm. Und auch einen der neuen Schlüssel.

***

Heute weiß ich, dass all das geplant war, denn er brauchte doch eine Unterkunft. Er wusste, wenn ich weg war, hätte er nicht mehr in die Wohnung gekonnt.

Dann wäre er obdachlos gewesen. Dass ich nicht konsequent geblieben bin, sollte ich noch bitter bereuen.

***

Am nächsten Tag flog ich erst einmal zurück. Meine Familie merkte, wie und dass ich mich verändert hatte. Doch keiner kam an mich heran. All das, was ich in den letzten Monaten erlebt hatte, behielt ich für mich. Wusste ich doch, dass niemand mein Verhalten verstehen könnte, konnte ich das doch selbst nicht. Ich würde Vorwürfe statt Verständnis ernten. Das war mir klar. Deshalb verpuppte ich mich, schloss mich in mir selber ein. Auch Freunden gegenüber verhielt ich mich sehr zurückhaltend. Ich schämte mich für vieles, was passiert war.

Dann kam das Frühjahr, und es zog mich zurück zu ihm. Idris hatte in der Zwischenzeit eine neue Anstellung. Doch auch jetzt ging es nicht gut. Er zog wieder einmal aus. Zu meiner Überraschung traf es mich diesmal nicht so hart. Er nahm seine Sachen und zog in das Holzhaus, in dem er arbeitete.

Über sein Verhalten musste ich schmunzeln. In meinen Augen war sein Verhalten einfach nur lächerlich. Wie ein Mann, den man achten konnte, benahm er sich nicht.

Am nächsten Tag ging ich zu besagtem Holzhaus und forderte ihn mit ruhiger Stimme auf, mir mein Geld wiederzugeben. Doch seine Reaktion schockierte mich, und so war ich auch nicht in der Lage, zu reagieren.

„Ich habe kein Geld. Du bekommst keinen Cent von mir“, raunzte er mich an.

„Dann werde ich so lange hier stehen bleiben, bis du es dir anders überlegt hast.“

Mit einem Blick, der nichts Gutes verriet, zischte er: „Verschwinde, lass dich hier nicht mehr blicken.“

Ich blieb ruhig, auch wenn ich innerlich bebte.

„Du hast keinen Charakter. Du bist ein ganz armes Würstchen“, war meine Antwort.

„Du armselige Kreatur“, setzte ich noch nach.

Nach diesen Worten rastete er vollkommen aus. Er packte mich am Arm, zog mich hinter das Holzhaus.

„Du tust mir weh, lass mich los!“, versuchte ich mich zu wehren. Ich wollte meinen Arm aus seiner Umklammerung lösen. Doch mein Zappeln machte ihn nur noch aggressiver und den Griff noch härter und schmerzvoller.

„Idris, hör auf, lass mich los, bitte.“

Ich versuchte es auf nettere Art und Weise. Doch ich hatte keine Chance. Seine Augen glänzten, wie vom Wahnsinn besessen. Er schüttelte mich: „Willst du mich fertig machen?“, fauchte er.

Und wie von Sinnen und nicht mehr Herr meiner Wahrnehmung antwortete ich: „Ja, denn du hast mir lange genug weh getan, hast mich schamlos ausgenutzt. Jetzt ist Schluss.“

„Ach ja, du Schlampe willst mich fertig machen. Ich komme unter jedem Stein wieder hervor. Mich hat noch keiner fertig gemacht, schon gar keine Frau.“

Mit diesen Worten schleuderte er mich zu Boden. Ich fiel mit dem Rücken auf einen Stein. Und im selben Moment, in dem ich fiel, hielt er auch schon einen Stein in der Hand: „Ich werde dir jetzt deine Fresse so zertrümmern, so dass dich keiner mehr erkennt. Dann werde ich dich dahin werfen, wo du hingehörst, auf die Müllhalde.“

Da stiegen mir plötzlich Tränen in die Augen. Ich hatte Angst, dass das nun meine letzten Minuten sein würden, denn ich sah die Entschlossenheit in seinen Augen. Er war zu allem fähig, er würde vor einem Mord nicht zurückschrecken. Das war mir in diesem Moment allzu klar. Ich brachte kein Wort mehr über meine Lippen, ich war wie versteinert.

Er kniete auf mir. Sein Knie spürte ich in meinem Magen. Der Stein in seiner Hand schwebte bedrohlich über mir. Alles lief ab wie in einem Film. Doch ich wollte nicht so sterben, nicht so und nicht jetzt. Meine Gedanken waren nicht in Antalya, sie waren 4000 km weit weg bei meiner Familie. Und ich flehte in Gedanken zu Gott, mir beizustehen.

Ich weiß nicht, wie lange ich so lag, ob er noch irgendwas gesagt hatte. Keine Ahnung. Plötzlich spürte ich, wie der Schmerz in meiner Magengegend aufhörte, dafür aber unheimliche Schmerzen in meinem Rücken folgten. Er hatte von mir abgelassen. Als ich mir dessen bewusst war, sprang ich trotz der brennenden Schmerzen auf und lief, so schnell ich nur konnte, ich überquerte die Straße und sprang mit letzter Kraft in den nächsten Bus. Ich schaute mich nicht um, wollte dieses brutale Gesicht nicht mehr sehen.

Zu Hause angekommen, rief ich die Autovermietung an. Nichts wie weg, waren meine Gedanken. Nach einer Stunde stand ein Auto vor meiner Tür. Ich nahm schnell ein paar Sachen und etwas zu essen und zu trinken und fuhr los. Wohin ich wollte, wusste ich zu diesem Zeitpunkt noch nicht. Einfach nur weg. Weit weg von diesem Mann.

Und um das alles perfekt zu machen, schrieb ich ihm eine SMS: „Such nicht nach mir. Ich werde nicht mehr zurückkommen.“

Als ich diese SMS schrieb, war ich schon auf dem Weg nach Alanya. Bis heute ist mir unklar, warum ich gerade diesen Weg nahm. In Konakli angekommen schloss ich das Auto ab und ging Richtung Strand. Den Weg kannte ich ja.

Als ich den Strand erreicht hatte, saß da, wie zum Hohn, ein Liebespärchen, das mich ganz erschrocken anblickte. Ich hatte sie wohl gestört. Ich bog nach links ab, kletterte über einen Felsen und ließ mich im warmen Sand nieder. Eine Weile blickte ich auf das Meer hinaus, ließ das vor kurzem Erlebte noch einmal an mir vorüber ziehen.

Was war geschehen? Ich war ganz knapp einem Mord entgangen. Was musste denn noch alles passieren, bis ich endlich kapierte, dass der Mann, den ich glaubte zu lieben, eine Gefahr für mich war. Von all diesen Gedanken überfordert, ließ ich mich in den Sand gleiten und schlief sofort ein.

Keine Ahnung, wie lange ich dort gelegen hatte.

Als ich erwachte, stellte ich fest, dass ich mich nicht mehr bewegen konnte. Ich wollte um Hilfe rufen, doch auch das gelang mir nicht.

Mein Gott! Was war das denn? In meinem Kopf überschlugen sich die Gedanken, sie rasten an mir vorbei. Was konnte ich tun? Ich musste mich irgendwie bemerkbar machen. Mein Handy war in meiner Hosentasche. Doch auch da kam ich nicht ran. Unfähig mich zu bewegen oder mich zu artikulieren, lag ich einfach nur da. Tränen der Hilflosigkeit rannen mir aus den Augenwinkeln, ganz sachte, ganz langsam.

Meine innere Stimme sagte mir, dass ich mich anstrengen müsste, mich bemerkbar zu machen. Ich brauchte Hilfe und das schnell, denn die Sonne stand schon in Richtung Untergang. Es würde bald dunkel werden. Immer wieder versuchte ich Laute von mir zu geben. Aber so sehr ich mich auch bemühte, nichts kam über meine Lippen. Stunden schienen zu vergehen.

Dann, endlich. Ich wollte gerade wieder einen Laut von mir geben, als sich plötzlich ein unmenschliches Röcheln von meinen Lippen löste. Zum Glück liefen gerade Leute ganz in der Nähe. Doch sie gingen vorbei. Ihre Stimmen wurden wieder leiser. Mein Wille, nicht an dieser Stelle bleiben zu müssen, gab mir Kraft, weiter röchelnd zu rufen. In Abständen liefen auch Menschen vorbei. Ich hörte ihre Stimmen nahen und sich wieder entfernen. Scheinbar wollte mir keiner helfen. So einfach wollte ich mich nicht geschlagen geben. Ich versuchte es immer weiter. Plötzlich kamen große Schatten auf mich zu. Menschen. Sie stellten sich um mich herum und sprachen mich Türkisch an. Ich verstand kein Wort. Mit den Augen tastete ich sie ab. Es waren vier junge Leute, zwei Männer und zwei Frauen. Einer der Männer versuchte es dann auf Russisch. Doch obwohl ich in der Schule gut russisch gesprochen hatte, meine Kenntnisse waren in den Jahren zu tief verschüttet, sodass ich keine Worte mehr in dieser Sprache hervorbringen konnte.

Der zweite junge Mann sprach mich nach einer Weile in einem recht unbeholfenen Englisch an. Was für ein Glück!

Ich erklärte ihm, was passiert war. Er fragte mich, ob ich Alkohol getrunken hätte.

Ich war mit dem Auto unterwegs gewesen. Da trinke ich nie. Dann fragte er mich nach meinem Handy. Ich wollte ihm zeigen, dass es in meiner Hosentasche war. Doch das funktionierte nicht, denn ich konnte meine Arme ja nicht bewegen. Sie schienen aber zu verstehen, und eine der Frauen suchte meine Hosentaschen ab, bis sie fand, wonach sie suchte. Sie wollten von mir eine Nummer wissen, die sie kontaktieren sollten.

„Idris“, kam es leise und, wie mir schien, unverständlich über meine Lippen. Doch sie hatten verstanden. Sie wählten die Nummer. Langsam keimte in mir wieder Hoffnung auf. Das konnte nicht so ungerührt an ihm vorbeigehen. Dachte ich. Ich dachte so, aber leider nicht Idris. Der junge Mann, der englisch sprach, teilte mir mit, dass der Mann am Telefon gesagt hatte, er kenne mich nicht.

Das konnte doch nicht sein. Was nun? Der zweite junge Mann telefonierte. Kurz darauf erschienen Soldaten. Die jungen Leute erklärten, wie sie mich gefunden und was sie von mir erfahren hatten. Ich fühlte mich hilflos, und ich hatte wahnsinnige Angst.

Mein ganzer Körper schmerzte. Acht Menschen standen um mich herum, sprachen, und ich verstand kein Wort, nur Wortfetzen. Ich wäre in diesem Moment so gern aufgesprungen und davongerannt. Doch es ging nicht. Ich versuchte meine Tränen zu ersticken. Es war nicht möglich.

Einer der Soldaten kniete sich neben mich zusammen mit dem jungen Mann, der Englisch verstand. Der Soldat wollte von mir wissen, was passiert war. Seine Augen flößten mir Angst ein, und so erzählte ich die ganze Geschichte. Auch er wollte von mir wissen, ob ich Alkohol getrunken hatte. Nein, wie oft denn noch. Idris musste dem jungen Mann so etwas erzählt haben. Die Geschäftigkeit um mich herum machte mich schier wahnsinnig, vor allem, weil ich nicht wusste oder ahnte, was als nächstes passieren würde. Nach einer Weile standen Sanitäter über mir. Auch sie fragten, was passiert war. Wieder erzählte ich die Geschichte. Einer der Sanitäter verstand gut Englisch, und auch er wiederholte, zum ich weiß nicht mehr wievielten Male, die Frage, ob ich Alkohol getrunken hätte.

Verdammt noch mal, nein, ich hatte keinen Alkohol getrunken. Ich war mit dem Auto hierher gefahren, um den Angriff von Idris zu verarbeiten. Der Sanitäter untersuchte mich. Doch ich hatte nirgendwo in meinem Körper Gefühle. Er wurde daraufhin sehr hektisch und rief nach einem zweiten Sanitäter. Der kam mit einer Trage und einer Halsmanschette angelaufen. Die Halsmanschette bekam ich von dem ersten Sanitäter umgelegt. Während er dies tat, schickte er seinen Kollegen mit der Trage zurück, denn er wollte eine sogenannte Schaufeltrage haben.

***

Die Erinnerung an diesen furchtbaren Tag bringen meine Gefühle noch heute in Wallung.

Ich hatte unsagbare Angst, querschnittsgelähmt zu sein. Doch ich war schon froh, dass ich mich wenigstens wieder artikulieren konnte, auch wenn meine Sprache sehr tierischen Lauten ähnelte. Ich wusste nicht, wie es mit mir weitergehen würde. Ich wollte eigentlich nur noch nach Hause in mein Bett. Doch ich sollte erfahren, dass in diesem Land, was ich auch heute noch sehr liebe, vieles anders abläuft, als wir das in Deutschland kennen.

***

Auf der Schaufeltrage gelagert, wurde ich in den Ambulanzwagen gebracht. Ich sah nur den

Himmel über mir. Nach einer mir ewig lange vorkommenden Fahrt, hielt der Wagen an, die Tür wurde aufgerissen und ich herausgeschoben. Man legte mich mit samt der Schaufeltrage auf eine andere Trage. Schnell ging es in ein Untersuchungszimmer. Ein Arzt und eine Ärztin beugten sich zu mir hinab. Wie sollte ich nur die Fragen beantworten. Mein Türkisch war stümperhaft. Doch zu meiner großen Überraschung sprachen sie beide gutes Englisch.

Mit meiner Lage allerdings waren sie hoffnungslos überfordert. Sie machten mir klar, dass es keine Befunde gab. Das Röntgenbild sei unauffällig. Sie könnten nichts für mich tun.

„Was soll das heißen“, fragte ich nach.

„Sie haben keine Papiere bei sich. Sie haben kein Geld dabei. Wir schicken sie woanders hin.“

Hallo, die können mich doch nicht so einfach wieder wegschicken. Wenn ich keine Verletzungen habe, warum kann ich mich dann nicht bewegen. Immer und immer wieder versuchte ich, ob ich mich nicht doch irgendwie bewegen konnte. Es ging nicht. Meine Verzweiflung wuchs zusehends.

Während sie dabei waren, zu gehen, versuchte ich ihnen noch nachzurufen: „Und wohin?“

Doch das hörten sie schon nicht mehr. Die mir bereits bekannten Sanitäter nahmen mich wieder in ihr Gewahrsam.

Ich wollte wissen, wohin ich gebracht wurde, doch ich erhielt keine Antwort. So hilflos hatte ich mich in meinem ganzen Leben noch nie gefühlt, wie an diesem Tag. Rein in die Ambulanz, Tür zu, und los ging die Fahrt. Ich konnte mich nicht bewegen, nur mit den Augen konnte ich erfassen, was um mich herum geschah. Es war ein Horrortrip. Angekommen am vorbestimmten Ziel, wurde die Tür des Autos wieder aufgerissen. Ich wurde mit Trage auf unsanfte Art umgelagert und in eine Notaufnahme geschoben. Auf dem Weg dorthin sah ich nur spärliches Licht an der Decke des langen Flurs. Hier erfuhr ich, was es heißt, in einem staatlichen türkischen Krankenhaus zu landen. Erst lag ich eine Weile auf dem Flur, dann schob man mich in einen Raum. Hier wurde ich von der Trage auf ein Bett gewuchtet. Meine Schmerzen schienen mich zu zerreißen. Doch darauf nahm keiner von den angestellten Pflegern Rücksicht. Es ging mir schlecht, ich hatte Durst. Doch Wasser bekam ich nicht. Ich wandte meinen Kopf ein wenig zur Seite. Was war das? Es ging ein wenig. Da sah ich, wie neben mir ein Mann gegen den Tod ankämpfte. Seine Familie stand neben ihm. Die Frauen schrien ihren Schmerz heraus. Es war furchtbar, das mit ansehen zu müssen. Dabei ging es mir doch auch schlecht. Auch auf der anderen Seite beendete gerade jemand sein Leben. Das Röcheln rechts und links neben mir machte mich fast wahnsinnig. Ich konnte mich nicht mehr fassen und heulte hemmungslos. Bewegungsunfähig, hilflos, und dann diese Szenen. Das war einfach zu viel für mich. Die Frau rechts von mir hörte mich weinen und trat an mein Bett. Auch sie hatte Tränen in den Augen. Trotzdem reichte sie mir ein Glas Wasser. Zum Dank konnte ich nur nicken.

Wie lange ich hier lag, wusste ich nicht. Hin und wieder dämmerte ich vor mich hin. Irgendwann wurden die Vorhänge geschlossen, und eine Ärztin kam zu mir. Sie sprach zu meinem Leid nur Türkisch. Ich versuchte, sie zu verstehen, was mir einigermaßen gelang. Dann musste ich noch einmal zum Röntgen. Nach den notwendigen Aufnahmen sprach sie wieder mit mir. Auch sie konnte keinerlei Verletzungen feststellen.

Aber warum konnte ich mich nicht bewegen? Das musste doch eine Ursache haben. Da sie verstanden hatte, dass mich Idris am Morgen erschlagen wollte, wurde die Polizei gerufen. Eine Polizistin schob den Vorhang beiseite und befragte mich. Ich musste meine Aussage machen. Ob die Polizisten alles richtig verstanden haben, darüber zweifle ich heute noch.

Meine Blase machte sich schon seit einiger Zeit bemerkbar. Mit ziemlich schlechtem Gewissen rief ich die alte Frau neben mir und gab ihr zu verstehen, dass ich dringend eine Toilette benötigte. Doch obwohl sie der Schwester Bescheid gab, dauerte es eine geraume Zeit, bis diese mit einem Rollstuhl ankam. Sie rief nach einem Pfleger, und gemeinsam bugsierten sie mich in das Gefährt. An der Toilette angekommen, schob mich der Pfleger hinein, er schloss die Tür. Da saß ich nun. In einiger Entfernung winkte das Objekt der Begierde. Wie sollte ich dorthin kommen? Ich rollte mich mit dem Stuhl in die Nähe, meine Hände hatten ihren Dienst wieder etwas aufgenommen, und zog die Bremse an. Dass ich etwas sportlich bin, kam mir zu diesem Zeitpunkt wirklich zugute. Ich zog mich aus dem Rollstuhl und hielt mich daran fest. Dann fasste ich meine Hose an und zog meine Beine, eines nach dem anderen, schrittweise vorwärts. Als ich endlich meine dringende Notdurft verrichtet und wieder in meinem Gefährt Platz genommen hatte, musste ich wieder aus der Toilette heraus.

Ich löste also die Bremse, hatte dabei aber nicht bedacht, dass es ja in diesem Raum etwas abwärts ging. Die wilde Fahrt endete mit einem lauten Knall an der Tür. Der Pfleger öffnete die Tür und wurde beinahe überfahren.

Er brachte mich widerwillig zurück und half mir ins Bett.

Kurze Zeit später war dann auch die Ärztin wieder da. Sie konnte nichts mehr für mich tun. Die Polizei nehme mich jetzt mit, um meine Aussage aufzunehmen. Wieder in den Rollstuhl. Am Ausgang musste ich mich aus dem Rollstuhl erheben und im nächsten Augenblick stand ich hilfesuchend da. Der Rollstuhl war wie von Geisterhand verschwunden. Polizei war nicht zu sehen.

Ich hatte Hunger und vor allem Durst. Es war auch schon dunkel geworden. Als ich mich so umsah, ob es nicht irgendwo Wasser gäbe, kamen zwei Polizisten auf mich zu.

„Bayan Pfeifer?“

„Evet.“

„Gel“, war die knappe und scharfe Anweisung.

„Bir Dakka“, bat ich, denn ich musste meine Beine wieder an den Hosenbeinen nach vorn bewegen. Doch sie liefen unbeeindruckt weiter. Aber auch ich erreichte das Polizeiauto.

Ich drehte mich mit dem Rücken so zum Auto, dass ich mich erst einmal auf den Sitz gleiten lassen konnte. Danach zog ich meine Beine, eines nach dem anderen, ins Auto. Ich hatte erreicht, dass ich halbwegs sitzen konnte. Jetzt ging es mit türkischer Fahrweise ins Polizeiquartier. Hier angekommen, öffnete mir einer der Polizisten die Tür. Hilfe beim Aussteigen konnte ich jedoch keine erwarten. Ich versuchte also, so schnell wie möglich hinter den Polizisten herzuschlurfen.

Einer drehte sich um und maulte mich voll, dass ich mich beeilen solle. Meine anfängliche Hilflosigkeit wich langsam einer unbändigen Wut darüber, wie ich behandelt wurde. War dies die Wahrheit darüber, wie man mit Frauen in diesem Land umgeht? Meine Vorahnung sollte sich noch schneller bewahrheiten, als mir lieb war. Mich erwartete bereits ein Polizist, der Englisch sprach. Ihm sollte ich meine Geschichte noch einmal erzählen. Mir war zwar schon ziemlich alles egal, doch dass ich jedes Mal wieder von vorn erzählen sollte, was passiert war, ging mir auf die Nerven. Er diktierte, das, was ich ihm gesagt hatte, einem

Kollegen, der die Aussage mittels Tastatur in den Computer eingab. Was nach der Aufnahme meiner Aussage geschah, sprengte alles, was ich bisher erlebt hatte. Erst sollte ich die Aussage unterschreiben. Alles war Türkisch geschrieben. Ich weigerte mich. Der Polizist wurde etwas ungehalten. Ich verlangte nach der Botschaft. Mit Widerwillen rief einer der Anwesenden dort an.

Als ich mit einer Dame verbunden war, wies auch sie mich an, die Aussage zu unterschreiben. Der Polizist hätte ihr gesagt, was er geschrieben habe.

„Das ich nicht lache. Woher wollen Sie denn wissen, dass er Ihnen die Wahrheit sagt? Dass er wirklich das aufgeschrieben hat, was er Ihnen erzählt hat. Der kann Ihnen sonst was vorgaukeln."

„Wie soll ich das jetzt aber überprüfen? Es ist bereits nach neun Uhr abends. Ich sitze hier in Istanbul. Unterschreiben Sie einfach, und alles ist gut."

„Nein, das werde ich nicht tun. Ich werde die Aussage mitnehmen und morgen meiner Rechtsanwältin vorlegen."

„Dann machen Sie es eben so, wie Sie wollen. Geben Sie mir noch einmal den Polizisten, und ich werde ihm das so sagen."

Ich reichte dem Polizisten den Hörer. Sein Gesicht verfinsterte sich.

Nach ein paar Änderungen druckte er meine Aussage aus und reichte sie mir.

Dann wollte er die Telefonnummer von Idris haben. Ich gab sie ihm, und er rief ihn an. Idris sollte mich abholen. Der Wortwechsel zwischen beiden war recht lustig. Sie lachten und scherzten am Telefon. Das konnte doch nicht sein Ernst sein, schoss es mir durch den Kopf. Der Typ hatte mich erschlagen wollen, ich konnte nicht mehr laufen, und dieser Polizist forderte Idris auf, mich abzuholen. Das Telefonat kam mir vor, als machten sich beide über mich lustig. Was hatte das nur zu bedeuten? Mir war gar nicht wohl bei dem Gedanken daran, was als nächstes passieren würde. Der

Polizist reichte mir den Hörer. Idris war noch immer dran: „Wo steht das Auto?“, hörte ich seine ruppige Frage.

„In Konakli an dem Strandzugang.“

„Die werden dich jetzt dorthin fahren, und dann fährst du nach Hause. Wenn du da bist, meldest du dich bei mir.“

„Ja, ist ok.“

Mehr sagte ich nicht. Ich reichte den Hörer zurück. Der Polizist forderte mich auf, ihm zu folgen. Ich schob mich also hinter ihm her. Er wartete schon ungeduldig auf mich, die Tür des Autos offenhaltend. Ich stieg wieder mit meiner eigens für diese Situation angeeigneten Kunst des Körperverbiegens ein. Sie fuhren mich zu meinem Auto. Die Autotür wurde von dem Polizisten auf dem Beifahrersitz aufgerissen. Unsanft packte er mich am Arm und zog mich aus dem Auto. Er stellte mich an mein Auto, stieg in seinen Wagen ein, und schon rauschten sie wieder davon.

Da stand ich nun. Ich fingerte nach dem Schlüssel, der in einer meiner Hosentaschen sein musste. Endlich hatte ihn, zog ihn heraus. Ich öffnete die Autotür. Mit dem Rücken zur Fahrerseite, ließ ich mich auf den Fahrersitz fallen. Nun noch die Beine einzeln hineinziehen und platzieren. Ich musste die Strecke nach Hause irgendwie schaffen. Doch mir schienen diese 140 km unendlich lang. Unterwegs klingelte mein Handy. Ach, meine Mausi hatte angerufen. An der nächsten Tankstelle stoppte ich, tankte noch einmal.

Dann fuhr ich etwas weg von der Tanksäule und rief zurück. Ich wusste, dass ich wieder einmal eine Notlüge gebrauchen musste. Das war mir so zuwider. Doch ich tat es. Erzählte ihr etwas von einem netten Ausflug und davon, dass ich mich verbummelt hätte. Hauptsache, sie machte sich keine Sorgen. Gegen Mitternacht erreichte ich die Wohnung, stellte das Auto ab. Ich schleifte mich in mein Appartement und dann in mein Bett. Am anderen Morgen, gegen 10 Uhr, rief Idris an.

„Wo bist du, was machst du?“ Jetzt erst wurde mir bewusst, was mir am Tag zuvor nicht gefehlt hat. Dieser scharfe Satz.

„Wo soll ich sein? Und was geht dich das an?“

„Ich höre, wo bist du, was machst du?“, pfiff er wieder durch die Zähne.

„Ich bin zu Hause.“

„Komm her, kümmere dich um Cakal.“

„Wie soll das gehen. Ich kann mich nicht richtig bewegen. Meine Beine gehorchen nicht.“

„Ich habe gesagt, du sollst herkommen. Cakal will an den Strand. Ich kann hier nicht weg.“

Ich legte auf und quälte mich zu dem Holzhaus, wo Idris schon ungeduldig auf mich wartete.

„Was soll das denn für eine Show sein?“, fragte er mit ironischem Unterton.

Ich antwortete nicht, griff nach Cakals Leine. Der wollte, wie er es gewohnt war, mit mir zum Strand rennen. Das ging nicht.

„Hör auf mit der Show!“, höhnte Idris.

Ich wollte und konnte darauf keine Antwort geben. Ich ließ Cakal schnell ohne Leine laufen. So konnte ich mein eigenes Tempo wählen. Am Strand fiel an diesem Tag das Spielen etwas ruhiger aus.

Als wir wieder zurück waren, gab mir Idris nur zu verstehen: „Nimm den Hund mit. Was soll ich hier mit ihm?“

Schweigend nahm ich das mir lieb gewordene Tier mit.

Ich hoffte, dass ich nun endlich wieder Fuß fassen konnte. So versuchte ich, mein Leben zu leben, hatte er mir diesmal doch Cakal gelassen. Meine Lähmungserscheinungen verschwanden still und leise. Bis heute weiß ich nicht, welche Ursachen sie hatten.

Mit Cakal ging ich jeden Morgen joggen. Es machte uns beiden riesigen Spaß. Recht schnell kam ich zu Kräften. Ich führte ein ruhiges und friedliches Leben. Eines Nachts jedoch klingelte mein Handy. Erst ging ich nicht ran. Doch dann nahm ich an. Es war keine Überraschung für mich. Idris war am anderen Ende der Leitung. Ich sollte mich anziehen und mit Cakal zu ihm kommen. Er schicke mir ein Taxi. Er klang stark angetrunken. Doch ich tat, was er wollte. Warum? Ich weiß es nicht. Wir saßen eine Weile, er redete und ich hörte zu. Immer wieder beteuerte er seine Liebe. Irgendwann rief er ein Taxi und schickte mich mit dem Hund wieder nach Hause zurück. Ich war gefühllos wie ein Stein. Er tat mir nicht mehr leid. Ich bedauerte nur seine Einstellung zum Leben.

Ich versuchte derweil, mein Leben ohne ihn zu ordnen. Dazu gehörte es, mir eine neue Wohnung zu suchen, die ich auch schnell fand. Günstig gelegen, zu einem guten Preis. Doch Idris ließ mich nie aus seinen Fängen, wusste immer über alle meine Schritte Bescheid. Er glaubte nicht, dass ich mir allein, ohne seine gönnerhafte Hilfe, eine Wohnung gesucht und auch gefunden hatte. Als er den Schlüssel sehen wollte, zeigte ich ihm diesen. Er nahm ihn mir weg, packte seine Sachen aus der Hütte und zog wie selbstverständlich wieder bei mir ein. Doch der Zustand währte nicht lange, und er war wieder weg.

Weder er noch sein Verhalten hatten sich also geändert. Für mich war das keine Überraschung mehr. Sollte er doch machen, was er wollte.

***

Noch heute frage ich mich, warum ich dieses Theater mitgemacht habe. Einzug, Auszug, ständig diese Aufregung. Mein Gesundheitszustand konnte nicht besser werden. Das merkte ich auch an meinem Gewicht.

Ich hatte in fünf Monaten 17 Kilo abgenommen. Nichts passte mehr. Ich sah schrecklich aus. Warum erkannte ich nicht, dass das keine Liebe war, dass er mich auffraß? Ohne mir etwas zurückzugeben, saugte er die Lebensfreude aus mir heraus. Ich könnte mich heute dafür ohrfeigen. Doch diese Einsicht kommt spät. Ich muss froh sein, dass ich alles überlebt habe, denn die Spitze des Eisberges war noch lange nicht erreicht. Es fällt mir immer noch schwer, mir gegenüber so schonungslos ehrlich zu sein, die Geschehnisse Revue passieren zu lassen.

***

Ich versuchte, mir nichts anmerken zu lassen, fuhr in die Stadt, schaffte mir kleine angenehme Höhepunkte. Einmal ging ich nett essen, ein anderes Mal machte ich einen ausgiebigen Shoppingbummel. Obwohl wir getrennt waren, wollte er weiter über jeden Schritt von mir informiert sein. Wenn mir seine Anrufe zu viel wurden, schaltete ich das Handy einfach aus.

Und weil es ihm nicht gelang, mich unter Kontrolle zu halten, ließ er sich etwas Neues einfallen. Er rief mich eines Tages an und schickte mich mit Cakal, den er mal wieder von mir weggeholt hatte, zum Tierarzt. Ich ging zu diesem Termin, wohlwissend, dass ich am nächsten Tag nach Hause fliegen würde. In der Tierarztpraxis wurde ich dann überrascht. Der Tierarzt fragte mich nach meinem Namen, da er von Idris die Aufgabe erhalten hatte, mir einen europäischen Heimtierausweis für Cakal auszustellen. Ich rief Idris an und wollte wissen, was das zu bedeuten hätte.

„Ich habe Cakal längst an dich verloren. Er liebt dich mehr als mich. Nimm ihn, du bist gut mit ihm. Das Beste wäre, wenn du den Hund mit nach Deutschland nimmst. Ich will ihn hier nicht mehr sehen. “

Das war alles, was er dazu sagte. Doch wie sollte das gehen? Ich flog bereits am nächsten Tag nach Deutschland. Ich nahm also den neuen Ausweis und Cakal und fuhr zurück. Dabei beging ich einen großen Fehler, denn ich bat Idris, auf Cakal aufzupassen, solange ich in Deutschland sei. Das war das letzte Mal, dass ich meinen Hund sah.

Nur ein paar Tage später rief mich Idris an, um mir mitzuteilen, dass Cakal vom Balkon gesprungen sei. Ich konnte das nicht glauben. Nie wäre er über das Geländer gefallen. Da steckte etwas anderes dahinter. Doch so sehr ich das auch wusste, immer wieder verdrängte ich den Gedanken daran. Ich glaubte Idris kein Wort. Aber Beweise, dass er mich anlog, hatte ich auch nicht.

Und genau hier begann das, was bis heute die schlimmste Erfahrung meines Lebens ist. Als ich wieder zurückkam, war die Wohnung leer - ohne Cakal.

Idris lag auf dem Sofa, wieder einmal ohne Job, ohne Perspektive. Sein Weg führte, wie immer in solchen Situationen, zu dem berühmten Market, wo seine vermeintlichen Freunde auf ihn warteten - und der Alkohol. Abends ging es dann mit Gästen aus den Hotels in die Disco, die – so weiß ich heute – ein Bordell ist.

Ab und an begleitete ich ihn. Auch an diesem Abend. Ich trank in der Disco nur hin und wieder mal von seinem Raki. Es ging mir richtig gut. Doch mit einem Mal, mitten beim Tanzen, sah ich nur noch Beine – ich war auf der Tanzfläche zusammengebrochen. Danach hatte ich ein komplettes Blackout. Als ich wieder zu mir kam, befand ich mich zu Hause in meinem Bett. Im Schlaf muss ich mich übergeben haben, denn auf dem Kopfkissen war Erbrochenes. Ich war nicht in der Lage, mich zu erheben. Es ging einfach nicht. Ich dämmerte weiter vor mich hin. Als es mir scheinbar besser ging, stand ich auf, reinigte alles und zum Schluss mich selbst. Es war gegen Abend, es dämmerte schon. Von Idris war weit und breit keine Spur, und ich hatte weder das Bedürfnis noch die Kraft, zu erfahren, wo er sei. Ich setzte mich an meinen Laptop, um ein wenig mit meiner Tochter zu schreiben. Über dem Schreiben fiel ich wieder in den Tiefschlaf. Am nächsten Tag rief Bine mich an und mahnte mich eindringlich, mich von Idris fern zu halten. Anscheinend hätte er mich unter Drogen gesetzt.

Sie hatte mit meiner Freundin aus Hamburg darüber gesprochen. Ich konnte oder wollte dies alles jedoch nicht wahr haben. Nein, das täte er nicht. Da war ich mir ganz sicher, und ich stritt erst am Telefon, dann im Chat mit meiner Tochter. Zu diesem Zeitpunkt hätte ich beinahe meine ganze Familie verloren.

***

Ich und Drogen, noch heute kann ich es nicht fassen. Ich bin mir sicher, dass Rebecca und meine Tochter Recht hatten. Warum habe ich nur nicht auf Rebecca, meine Hamburger Freundin, gehört, als sie mir damals sagte, dass ich mit einem Mörder zusammen sei? Ich war sogar noch sauer auf sie. Wie konnte sie so etwas behaupten.

Dabei hätte ich sie besser kennen müssen. Sie sagte doch so etwas nicht einfach nur so. Sie hatte dafür Beweise. Das hätte mir klar sein müssen. Sie wollte mich schützen! Und ich? Hatte er mir wirklich meine Sinne so vernebelt, dass ich keinen klaren Gedanken mehr fassen konnte? Anscheinend schon, denn sonst würde ich heute nicht hier, in dieser Kammer, vor der Welt verborgen, auf meine Ausreise warten.

***

Gegen Abend ließ er mich abholen, denn er war wieder einmal abgestürzt. Mit traurigen Augen bat er mich, nie mehr etwas zu trinken. Ich war so verwirrt, dass ich ihm nicht widersprach. Dabei hatte ich doch nur ein paar Schlucke aus seinem Glas genippt. Mein Verstand raunte mir zu, dass ich vorsichtig sein sollte. Ich war nicht betrunken gewesen. Die

Ursache für meinen Absturz war eine ganz andere.

An jenem Abend kam ein mir bis dahin völlig unbekannter Mann zu Idris, der mit ihm lange und ausführlich sprach. Als das Gespräch zu Ende war, kamen beide auf mich zu. Der Unbekannte stellte sich vor. Sein Name sei Ali.

„Idris ist ein guter Verkäufer, und der Inhaber des Reisebüros möchte, dass Idris wieder für ihn arbeitet. Die Bedingung ist jedoch, dass er endlich aufhört zu trinken."

Ich nickte. Niemand wünschte sich das mehr als ich.

Und Idris würde wieder in dem alten Reisebüro arbeiten, mit der Maßgabe, nicht während der Arbeit zu trinken. Sein bester Freund wurde derweil wegen Beleidigungen von Touristen aus dem Basar entfernt. Ich atmete auf. Wenn dieser Kerl weg war, konnten wir ein neues Leben beginnen, hatte er doch oft zu Saufgelagen geladen und auch sonst keinen guten Einfluss auf Idris gehabt.

Ich schöpfte neue Hoffnung. Als wollte Idris diesen Neuanfang bekräftigen, nahm er mich am nächsten Tag in den Arm und sagte mit einem Funkeln in den Augen: „Bevor jetzt die Saison richtig anfängt, lass uns noch einmal einen gemeinsamen Tag verleben.“

„Wo willst du hin?“, fragte ich. Und meine Stimme klang recht nüchtern.

„Lass uns in die Berge fahren. Ich will dir etwas zeigen.“

„Ja. Und?“, entgegnete ich nur, war meinem Verstand doch klar, dass es am Ende darum ging, dass ich wieder einmal Geld locker machen sollte. Und davon hatte ich die Nase gestrichen voll. Ich wollte das alles einfach nicht mehr.

Trotzdem fuhren wir. Es ging auf schmalen Serpentinen hoch in die Berge. Manchmal wurde mir ganz flau im Magen. Doch was das Fahren anbetraf, vertraute ich Idris zu diesem Zeitpunkt blind. Als wir in einem kleinen Dorf angekommen waren, fuhr er durch eine schmale Gasse, durch die kaum ein Auto hindurch passte. Dann kamen wir zu einem kleinen weißen Bauernhaus. Der Zaun hing etwas schief in den Angeln. Wir stiegen aus. Idris lief vor mir her, und unter Quietschen öffnete sich das Gartentor. Er zog mich um das Haus herum.

„Hier können die Hühner frei herumlaufen“, sagte er mit strahlenden Augen, „und hier können wir ein Gewächshaus hinsetzen, wo wir Gurken und Tomaten anbauen“, zeigte er in eine andere Richtung.

Völlig überrumpelt und sprachlos sah ich ihn an.

„Ich komme vom Dorf. Ich weiß, was da für Arbeit geleistet werden muss. Das alles wollte ich nicht mehr. Denkst du, da fange ich jetzt hier an?“

Das Strahlen verschwand aus seinen Augen. Mir war bewusst, dass nicht er die Hauptarbeit machen würde, sondern die auf meinen Schultern lasten würde. Und darauf hatte ich ehrlich keine Lust.

„Wir könnten uns einen neuen Hund zulegen. Der könnte dann hier den ganzen Tag frei herumlaufen“, versuchte er mich weiter von seinem Projekt zu überzeugen.

„Und dann …“ Mit diesen Worten zog er mich eine ausgewaschene Steintreppe hinauf: „Hier könnten wir uns eine wunderschöne Terrasse anlegen, mit einem Grill. Stell dir das mal vor. Wäre das nicht traumhaft?“ Die Terrasse war überdacht von einem Feigenbaum, der mit seinen ausladenden Ästen und den Blättern angenehmen Schatten spendete.

Doch ich hatte längst meine Träume ausgeträumt. Dafür hatte er all die Monate zuvor gesorgt.

„Das Haus muss doch bestimmt von Grund auf saniert werden?“, fragte ich ihn.

„Ja. Das erste, um was ich mich kümmere, ist eine richtige Toilette für dich und ein Bad. Alles andere kann dann so nach und nach gemacht werden.“

Ich sah ihn fassungslos an. Ich sollte in dieser Bruchbude wohnen? Das kam für mich nicht in Frage. Auf keinen Fall.

***

Wenn ich heute an das Projekt Bauernhaus denke, dann muss ich mir selbst auf die Schultern klopfen. Da war ich doch mal richtig weise. Denn mit dem, was im Nachhinein geschehen ist, hätte ich keine Chance gehabt, von da einfach wegzukommen. Dort oben, in den Bergen, wäre ich ihm völlig ausgeliefert gewesen. Ganz sicher wäre dies dann mein Untergang gewesen.

Doch wenn ich ehrlich bin, dieses Bauernhaus hatte was. Mit viel Geld und einem entsprechendem Eigeneinsatz hätte man daraus ein hübsches kleines Cottage machen können. Das hätte mir schon gefallen. Hätte ...

***

„Idris, was soll das Haus denn überhaupt kosten?“, fragte ich ihn in der Hoffnung, ich würde mit dieser Frage den Träumer wieder auf den Boden der Realität zurückholen.

„300 Tele Miete im Monat“, strahlte er mich an.

„Lass uns darüber noch einmal schlafen“, versuchte ich die Entscheidung, die er sichtlich von mir erwartete, hinauszuzögern.

Es schien funktioniert zu haben. Wir stiegen wieder ein, und er setzte unsere Fahrt fort. Die Straßen hier oben waren schon gewöhnungsbedürftig. Teilweise konnte man diese nicht einmal als Straßen bezeichnen. Der Regen im Winter hatte sie ausgespült, und es blieb nur eine Buckelpiste zurück.

Idris fuhr eine steil abwärts führende Straße hinab. Vor lauter Angst hielt ich mich am Armaturenbrett fest.

„Keine Angst, mein Schatz. Du weißt doch, dass ich Auto fahren kann“, grinste er mich mit gebleckten weißen Zähnen von der Seite her an.

„Ich weiß, aber die Straße …“, gab ich voller Angst zurück.

„Schatzi, ich pass auf“, versicherte er mir.

Die Gegend war mir gänzlich unbekannt. Ich hatte nicht die leiseste Ahnung, wo die Fahrt hingehen oder enden würde.

Als wir parallel zu einem Fluss fuhren, begann er wieder das Gespräch: „Jetzt zeige ich dir, wo wir unser neues Restaurant mit Bar eröffnen.“

„Bitte, was ist los?“ Mehr konnte ich dazu nicht sagen.

„Warte ab.“

Mehr sagte er erst einmal nicht. Der Weg war rechts und links mit Bäumen gesäumt. Ihre Kronen berührten sich oben, sodass die Allee wie ein Torgang wirkte. Der Fluss, der rechts neben uns dahinfloss, gab dem Ganzen einen Hauch von Romantik. Die Sonne hatte es immer schwerer, durch die üppigen Baumkronen hindurch zu scheinen. Es war fast dunkel. Dann hielt er plötzlich an einem verlassenen

Haus an. Ich schaute nach links und sah kleine, aus Holz gebaute Loggias.

„Komm, ich will dir zeigen, was wir hier machen wollen."

Zögernd stieg ich aus. Mir war doch schon jetzt klar, dass auch dieses Projekt mit meinem Geld finanziert werden sollte. Geld, das ich im Moment gar nicht hatte.

Wir gingen also in das verlassene Haus.

„Hier bauen wir so um, dass wir ein Restaurant daraus machen."

Ich nickte.

„Hier, diese kleinen Loggias wirst du mit schönem Stoff ringsherum schließen. Ich werde für die Beleuchtung sorgen."

„Aha." Mehr sagte ich dazu nicht.

Nachdem ein paar Minuten verstrichen waren, musste ich dennoch nachfragen: „Was soll das werden? Hier, weitab von jeglicher Zivilisation, willst du ein Restaurant eröffnen. Wer soll hier herkommen. Den Ort findet kein Mensch."

„Ja, normalerweise hast du ja Recht. Aber ich werde eine Tour anbieten. Mit dem Ruderboot geht es hierher. Dann gibt es ein leckeres Fischessen. Du kannst doch kochen. Abends werden wir eine Bar eröffnen. Die kleinen Hütten kommen uns auch zugute. Es gibt genügend Geschäftsleute, die kommen werden, mit ihren Geliebten. Das läuft, du wirst sehen."

„Aber du musst doch erst einmal wissen, wem das alles hier gehört und was der dafür haben will." Schlecht klang diese Idee nicht. Es könnte klappen, dachte ich bei mir.

„Denk mal über alles nach. Das wäre für uns der Superstart."

In meinem Kopf herrschte Chaos. Seine Idee war nicht von der Hand zu weisen. Und wie um das alles zu einem krönenden Abschluss zu bringen, brachte er mich zu einem Fischrestaurant. Ich glaubte nicht, was ich da sah. Erst ging es eine Schotterstraße entlang. Ich konnte mir nicht vorstellen, wo es nun hingehen würde.

„Was glaubst, wo wir jetzt hinfahren?“, fragte mich Idris grinsend.

„Ich habe keine Ahnung, wo du mich jetzt hin kutschierst. Hier endet das Leben.“

„Quatschkopf.“ Mit diesem Wort schlug er mir auf meinen linken Schenkel. Nach der letzten Kurve sah ich die ersten Autos. Und wie ich von der Entfernung aus erkennen konnte, es waren alles Luxuskarossen.

„Wo sind wir hier?“

„Ich will dir folgendes zeigen: je abgelegener hier etwas ist, umso mehr zieht es entsprechende Kunden an.“

Mit diesen Worten hielt er an.

„Komm, steig‘ aus“, forderte er mich auf.

Zögernd stieg ich aus dem Auto und folgte Idris. Wir betraten das Restaurant. Über dem Eingang prangte ein Schild, dass es sich hier um ein Fischrestaurant handelte. Hinter dem Haus war der Zugang zum Meer zu sehen. Also kamen wohl die Speisen direkt vom Meer auf den Tisch. Das schien das Konzept zu sein. Als ich den Gastraum betrat, glaubte ich nicht, was ich sah. Luxus pur.

Jetzt war mir klar, welches Ziel er verfolgte. Er wollte nicht so sehr auf Tourismus zielen, sondern eher auf die Einheimischen. Und zwar auf jene, die die Taschen voller Geld hatten.

Gute Idee, schoss es mir durch den Kopf. Doch blieb immer noch die Frage der Finanzierung im Raum.

Das Essen war so vorzüglich, ich weiß nicht, ob ich überhaupt in meinem Leben jemals so leckeren Fisch gegessen hatte.

Der ganze Tag überhaupt war wieder mal ein Erlebnis. Als wir das Restaurant verließen, zog ich Idris am Ärmel seines T-Shirts.

„Was ist denn?“, fragte er in seiner raubeinigen Art und drehte sich zu mir um. Ich schlang meine Arme um seinen Kopf und drückte ihn ganz fest. Dabei flüsterte ich ihm ins Ohr: „Das alles können wir aber nur erreichen, wenn du endlich mit dem blöden Alkohol aufhörst."

„Ja mach ich doch auch." Mit diesen Worten schob er mich weg, denn er wollte nicht, dass wir so gesehen würden.

***

Nach diesem Tag stand unserem Neuanfang nichts mehr im Wege. Ich wollte zwar noch einmal kurz nach Hause, da meine Eltern Goldene Hochzeit feierten, doch mit meiner Rückkehr sollte unser gemeinsames glückliches Leben als Unternehmer beginnen.

Ende Mai kehrte ich zurück. Idris schien sich verändert zu haben. Wir hatten vorerst eine gute Zeit.

Doch mein Vertrauen war geschmälert. Ich glaubte ihm kaum noch etwas. Egal, was er sagte, ich misstraute ihm. Selbst wenn er schlief, konnte ich ihm nicht trauen, dass sein Schlaf nicht nur vorgetäuscht war. So durchsuchte ich wie besessen die Wohnung, wenn er nicht da war. Dabei hasste ich meinen eigenen Vertrauensbruch. Wie soll eine Beziehung funktionieren, wenn man sich nicht trauen kann oder nicht traut? Es war auch keine Rede mehr von dem Restaurant.

Ich ließ keine Gelegenheit ungenutzt, um seine Sachen zu durchstöbern. Und ich fand auch immer wieder Beweise, dass er mich hinterging. Die nährten und schürten mein Misstrauen. Dies blieb auch Idris nicht verborgen.

Dennoch blieben Streits aus. Es war eigentümlicherweise recht harmonisch.

Täglich gingen wir zur Arbeit. Jeder wusste, was er zu tun hatte. Ich setzte meinen Plan, kleine Elektroautos für Kinder zu kaufen, in die Tat um. Und der Plan schien auch noch aufzugehen. Ich konnte von der Vermietung der Miniwagen gut leben. Allerdings war ich durch die Geschehnisse etwas vorsichtiger geworden. Ich sagte Idris nie die volle Wahrheit, was ich pro Tag eingenommen hatte. Das Geld versteckte ich in meinem Brillenetui. Nachts packte ich es unter mein Kopfkissen.

Mehr als 10 Lira hatte ich nie in meinem Geldbeutel. Wenn er was zu essen wollte, musste er mir Geld geben, dass ich einkaufen gehen konnte. So viel hatte ich schon gelernt. Und eine Weile klappte alles bestens.

Wir planten, bald eine kleine Bar zu eröffnen. Alles schien perfekt. Doch etwas musste dazwischen kommen, es lief einfach zu gut - und es kam etwas dazwischen. Eine Bekannte von Idris verbrachte ihren Urlaub im Ort. Schon wenn sie mittags kam, hatte sie mehrere Büchsen Bier dabei. Sie wollte mich gegen meinen Willen in dieses Leben hineinziehen.

Ich versuchte trotz allem, immer freundlich zu ihr zu sein, doch an ihrem Lebenswandel wollte ich keinen Anteil haben.

Und Idris? Er erzählte überall, ich sei unnormal eifersüchtig. Dabei baggerte er vor meinen Augen andere Frauen an, lud sie abends zu Discobesuchen ein, bei denen es für mich keinen Platz gab. Um galant aus dem Haus gehen zu können, provozierte er immer wieder Streit. Dann verließ er die Wohnung. Mir war das inzwischen egal. War es mir zu bunt, ging ich ebenfalls, machte mein Handy aus. Meist fuhr ich in die Stadt, ging zum Frisör oder machte einfach einen Geschäftsbummel. Ich wollte mich nicht mehr ärgern.

Alles in allem ging es mir gut und schlecht zugleich. Ich ließ mich nicht mehr so herumkommandieren wie zu Anfang. Doch genau das war es, was ihn zunehmend ärgerlich machte. Innerlich löste ich mich immer mehr von Idris. Wir lebten zwar zusammen, doch jeder irgendwie sein eigenes Leben. Auf der anderen Seite erlaubte er aber auch nicht, dass ich mich vollständig von ihm löste.

Glaubte ich, den Absprung geschafft zu haben, holte er mich an der langen Leine wieder zurück. Stück für Stück ließ er dann wieder los. Das ging so über Wochen. Doch ich unterließ meine Versuche, mich zu lösen, nicht. Ich kämpfte weiter.

***

Heute ist mir klar, dass ich ihn damals hätte vor die Tür setzen müssen, dann wäre mir vieles erspart geblieben. Ich war doch schon so weit. Geliebt habe ich ihn aber immer noch. Und ich war abhängig von ihm. Nein, nicht sexuell, wie man denken könnte. Das war es nicht, nicht zu dem Zeitpunkt. Ich finde keine Antwort darauf. Irgendwann mag ich vielleicht eine finden ...

***

Was mich jedoch immer mehr in diesen Sumpf zog, war das Gefühl, nicht mehr Herr oder Frau meiner Sinne zu sein. Immer wieder passierten Dinge, die ich nicht recht einzuordnen vermochte. Idris gab mir zu verstehen, dass das alles daran liege, dass ich alkoholabhängig sei. Ich und abhängig von Alkohol. Nein, das war ganz sicher nicht so. Hatte ich doch schon zu Kinderzeiten gelernt, wie man gesund mit Alkohol umgeht. Er redete mir angeblich vorgekommene Aktionen von mir ein. Dabei war ich mir doch sicher, dass viele Dinge so niemals passiert waren. In meinem Kopf drehte sich alles. Komplettes Chaos. Ich wusste, dass ich keinen Alkohol getrunken hatte. Doch immer wieder bearbeitete er mich, ich sei diejenige, die ein Problem hätte. Mitleidige Blicke anderer folgten. Und dann Idris als der große Held: Er liebte diese Irre so sehr, dass er sich fürsorglich um sie kümmerte. Das musste wahre Liebe sein.

Ich wusste nicht mehr, was richtig und was falsch war.

***

Doch nachdem ich mich wieder in seine Abhängigkeit begeben hatte, war sein Verhalten mir gegenüber sehr viel angenehmer. Er nahm mich wieder in den Arm. Ich konnte mich an ihn kuscheln, erst sehr zaghaft, doch die Gefühle wurden stärker, von Tag zu Tag.

Wir wurden wieder ein Paar. Nette gemeinsame Abende folgten. Ich fühlte mich einfach nur wohl. Es ging mir besser.

Eines Tages teilte er mir am Abend mit, dass wir am nächsten Tag Besuch bekommen würden. Ein alter Freund aus Istanbul, den er seit Jahren nicht mehr gesehen hatte, würde uns gemeinsam mit seinem Sohn für ein paar Tage besuchen. Grund für den Besuch sei die Hochzeit eines Familienmitgliedes des Freundes. Nennen wir diesen Freund Ali und seinen Sohn Ramazan.

Am nächsten Morgen putzten wir die Wohnung auf Hochglanz. Es war Freitag, und ich erhielt Geld, um auf den Basar zu gehen und für unsere Gäste einzukaufen. Die Gastfreundschaft ist in der Türkei ein hohes Gut. Gegen 11 Uhr traf jener Freund mit seinem Sohn ein. Abgekämpft von der langen Busfahrt von Istanbul nach Antalya, legten sie sich erst einmal schlafen.

„Schatzi, bitte mach ein richtig deutsches Essen“, bat Idris mich mit einem glücklichen Glanz in seinen Augen.

Und vor Liebe fast zerschmelzend, erwiderte ich: „ Na klar, mache ich doch gern. Du wirst stolz auf mich sein. Versprochen.“

Dass dies mein vorerst letzter Tag in Antalya sein könnte, vermutete ich zu diesem Zeitpunkt überhaupt nicht. Im Gegenteil, für mich war er noch ein weiterer Schritt in mein neues Glück.

Gegen 5 Uhr nachmittags ging ich nach Hause, um das Mahl vorzubereiten. Ich legte meine ganze Ehre in dieses Essen.

Sollte der Freund mal sehen, was für eine tolle Frau sein Kumpel aus Jugendtagen hatte. Nach dem Abendessen begleitete ich Ali zum Office von Idris. Als keine Kinder mehr kamen, die eine Runde mit den Autos fahren wollten, stellten wir die Wägelchen unter und gingen gemeinsam nach Hause. An der Seitenstraße angekommen, sollte ich allein nach Hause gehen, denn der Sohn von Ali war schließlich auch noch da.

„Nicht, dass er sich langweilt“, war die kurze wie einleuchtende Erklärung.

Mit enttäuschter Miene ging ich nach Hause. Die beiden Männer wollten noch ins holländische Restaurant gehen, um etwas zu trinken.

Zu Hause angekommen, setzte ich mich mit einem Glas Weißwein auf den Balkon. Als ich es geleert hatte, beschloss ich, auch noch einmal zu Marga zu gehen, denn ich mochte die Besitzerin der Hollandbar. Als ich die Treppen zur Bar hinaufstieg, erblickte mich Idris. Seine grimmige Miene entging mir nicht.

„Hey, Emilia, komm her“, rief er mir zu.

„Was ist?“

„Was machst du hier? Du sollst zu Hause bleiben. Hast du das nicht verstanden?“

„Doch, habe ich. Aber ich wollte noch einmal mit Marga schwatzen, weil ich keine Lust habe, allein zu Hause zu hocken. Und Kindermädchen bin ich auch nicht“, war meine entsprechend patzige Antwort.

„Setz dich hier her“, forderte er mich auf.

Ich sah in die Runde und entdeckte den besten Freund von Idris, den ich überhaupt nicht ausstehen konnte. Er war ein noch viel größerer Säufer als mein Freund und vor allem hochgradig aggressiv. Auf diese Gesellschaft konnte ich dankend verzichten. Deshalb versuchte ich, so nett, wie es nur ging, mich aus dieser Lage heraus zu manövrieren. Mit dem freundlichsten Lächeln, das ich zur Verfügung hatte, sagte ich: „Nein, lass mal.“

Und mit weiblichem Charme versuchte ich, die Situation weiter zu entschärfen: „Ich will eure Männergespräche nicht stören. Außerdem verstehe ich sowieso nichts, wenn ihr nur türkisch redet.“

Schon im Gehen fügte ich noch hinzu: „Ich setze mich zu Marga. Wir plauschen ein wenig.“

Ich hörte nicht mehr genau, was er brummte. Doch es war mir egal.

Ich hatte noch nicht einmal mein Wasser ausgetrunken, da stand er schon an unserem Tisch und schaute mich derart an, dass mir klar war, dass die folgenden Worte keine Widerworte duldeten: „Komm, wir gehen jetzt nach Hause.“

Doch irgendwie war ich in den letzten Wochen mutiger geworden, hatte mehr Selbstbewusstsein gewonnen. Nur so kann ich es mir erklären, dass ich, statt ihm wortlos zu folgen, entgegnete: „Ich komme nach. Ich möchte noch mit Marga zu Ende reden.“

Seinem Blick konnte ich entnehmen, dass er diese Reaktion überhaupt nicht erwartet hatte. Dazu noch von mir und mit einem Lächeln. Völlig verdattert verließ er die Bar gemeinsam mit seinen beiden Freunden. Ich konnte den Gesten entnehmen, dass sein Freund mit ihm über mein ungebührliches Verhalten wetterte. Ich sah Marga an. Sie lächelte mir zu. Das bestätigte mich. Nach ungefähr zehn Minuten verließ auch ich die Bar. Auf dem Weg zu meiner Wohnung kamen mir Idris und Ali entgegen. Idris stechender Blick verhieß nichts Gutes. Ich musste diese Situation umgehend entschärfen.

Mit dem mir eigenen Unschuldsgebahren fragte ich: „Bist du sauer auf mich?“

Natürlich war er sauer. Und ich wusste das auch. Mit Unschuldsmine sah ich ihn an.

Ich nutzte die Anwesenheit seines Freundes aus. Vor ihm wollte er eine gute Figur als toller Hecht machen.

„Nein, meine Kedi. Ich dachte nur, du bist sauer auf mich.“

„Aber nicht doch“, log ich, „ich möchte doch nur, dass du den Besuch von deinem Freund genießt, dass ihr euren Männerabend genießen könnt.“

Und ich war auf dem richtigen Weg. Ein Lächeln zuckte über sein Gesicht.

„Das ist schön. Ich danke dir mein Schatz“, flötete er.

Er schien es geschluckt zu haben. Und ich dachte nur: „Was bist du für ein Idiot!“. Doch diesen Gedanken sprach ich weder aus, noch ließ ich meine Miene meine Gedanken verraten.

„Gehst du jetzt bitte nach Hause?“, fragte er hinterhältig weiter.

Er hatte sich umgezogen und herausgeputzt. Ich wusste, wohin sein Weg führen würde.

Noch immer im Glauben, dass ich wirklich alles hinnehmen würde, sagte er mir: „Wir wollen noch mal an den Strand und etwas reden.

„Ja, ja", dachte ich bei mir.

Doch stattdessen antwortete ich: „Natürlich, geht nur."

„In einer Stunde sind wir wieder zurück", log er mich ungerührt an.

Mit einem Lächeln, das mich aber nicht verriet, und einem schnell dahingesagten *OK* ging ich nach Hause.

***

So begann also der Anfang vom Ende. Ich wusste zu diesem Zeitpunkt noch nicht, was mir Stunden später blühen würde.

Die alte Frau, die sich um mich kümmert, scheint schon seit geraumer Zeit im Türrahmen zu stehen. Als ich sie erblicke, neigt sie den Kopf zur Seite, kommt auf mich zu. Spontan nimmt sie mich in den Arm. Ich jaule auf vor Schmerzen. Alles tut mir weh. Nur unter größter Selbstdisziplin schreibe ich jeden Tag einen Teil meiner Geschichte auf. Am schlimmsten sind die Schmerzen in meinen Pobacken, links schlimmer als rechts. Wenn ich mich recht erinnere, soll ich heute noch einmal zum Arzt gehen. Wahrscheinlich ist sie deswegen hier.

„Abla, was ist los?“, frage ich sie.

„Du musst dich fertig machen. Das Auto wartet vor der Tür.“

Also doch. Wieder ins türkische Krankenhaus. Nicht, dass man mich hier schlecht behandelt, aber ich verstehe kein Wort und kann mich nicht verständlich machen. Stets brauche ich einen Übersetzer. Das nervt mich. Also dann mal los. Hochgequält. Wann werden die unsäglichen Schmerzen endlich geringer? Ich jammere bestimmt nicht viel. Aber diese Schmerzen machen mich noch wahnsinnig. Ich finde keine Möglichkeit, schmerzfrei zu sitzen oder zu liegen. Und sehen kann ich auch kaum etwas. Durch die stetige Hitze brauchen die Schwellungen viel länger, um zurückzugehen. Und das, obwohl ich den ganzen Tag kühle. Wie ich diesen Mann hasse!

Auch heute habe ich wieder Angst, dass man operieren will. Ich lasse nicht an mir herumschneiden. Auf gar keinen Fall.

Widerwillig streife ich mir das viel zu große T-Shirt über, das mir meine türkische Beschützerin bereit gelegt hat. Aber den weiten Rock und das Kopftuch werde ich nicht tragen. Ich gebe ihr das zu verstehen. Sie macht mir klar, dass ich mit diesen Haaren nicht das Haus verlassen kann. Sie müsse mir sonst die Haare kämmen. Seit ich die Wohnung fluchtartig verlassen habe, sind meine Haare noch nicht gekämmt worden. Und das sieht man. Schon als ich ins Krankenhaus ging, hat mich Ferhat darauf hingewiesen, dass ich aussehe, als hätte ich einen riesigen Filz auf dem Kopf. Doch an diesem Tag war mir alles einfach nur egal.

Also, dann mal los. Die Oma bringt eine grobzinkige Bürste und versucht, sich durch den Haardschungel zu kämpfen. Schon nach dem dritten Strich schreit sie markerschütternd auf.

„Was ist denn los?“

Auf meine Frage hin zeigt sie mir wortlos ein Büschel Haare, das sich beim Kämmen gelöst hat. Ich zucke teilnahmslos mit den Schultern. Doch auch bei den folgenden Kammstrichen bringt sie mehr und mehr Haarbüschel hervor.

„Was ist das bloß für ein Psychopath?", schreit sie entsetzt. Ich kann nicht antworten. Lautlos rinnen mir die Tränen übers Gesicht. Als sie endlich fertig ist, hat sich das Waschbecken mit einem ansehnlichen Haarsammelsurium gefüllt. Mir wächst ein Kloß im Hals. Sie schreit und umarmt mich immer wieder. Auch ihr rinnen Tränen des Schmerzes und der Verzweiflung über Gesicht.

„Das Tier! Er ist ein Tier. Sowas macht kein Mensch!", schreit sie wieder und wieder. Ich merke, dass ich mich nicht mehr unter Kontrolle habe. Entsetzen schüttelt mich. Die alte Frau schien die Flucht zu ergreifen. Sie rennt nach draußen. Unter wüstem Schimpfen hat sie meine Rechtsanwältin, die vor der Tür stand und mich ins Krankenhaus begleiten soll, um zu dokumentieren, am Arm gegriffen und zerrt sie zum Waschbecken.

„Sieh dir das an, Frau! Sieh genau hin!" Sie stößt die Rechtsanwältin regelrecht auf das Waschbecken.

„Weißt du, was das ist? Weißt du das? Diese Haare hat ihr das Schwein ausgerissen. Deshalb sah sie so wüst um den Kopf aus."

Nach Luft ringend, fährt sie fort: „Und jetzt sieh dir ihren Kopf an. Viele kahle Stellen hat sie jetzt. Was werdet ihr tun, um dieses Schwein zur Strecke zu bringen? Wie lange dauert das denn noch?"

Die alte Dame kann sich kaum noch beherrschen. Völlig fassungslos sieht Ferhat im Wechsel zu mir und zu den Haaren im Waschbecken. Eine kleine Träne rinnt auch ihr übers Gesicht.

„Komm, wir müssen los ins Krankenhaus. Die warten auf uns", spricht sie wie auswendig gelernt die Worte.

Ich folge ihr schweigend.

Die Oma schreit noch immer vor Wut, denn in den letzten Tagen hat sie mich ins Herz geschlossen.

Wortlos fahren wir im Auto zum Krankenhaus. Ich bin froh, nichts sagen zu müssen.

Im Krankenhaus werde ich schon erwartet. Wieder stehen drei Ärzte – ein Augenarzt, ein Chirurg und ein plastischer Chirurg - bereit, sich meine zugeschwollenen Augen anzusehen. Wieder der Gang in die Röhre. Der Chirurg befasst sich auch mit meiner Hüfte. Endlich mal jemand, der diese Schmerzen ernst nimmt. Er ordnet eine Untersuchung mit MRT an. Sein Gesicht ist ernst. Die Untersuchungen dauern nicht lange. Danach muss ich wieder in das Behandlungszimmer. Und es beginnt erneut die Diskussion, ob unterhalb der Augen aufgeschnitten werden muss. Ich lehne ab. Für mich ist das Thema OP beendet. Dann schaut der Chirurg auf das Auswertungsergebnis des MRT, das von meiner Hüfte gemacht wurde. Sein Gesicht wird zunehmend finsterer. Ich muss mich auf die Liege hieven, was mir sehr schwer fällt. Zuerst wendet er sich meinen

Rippen zu, da ich sehr unter Atemproblemen leide. Doch gebrochen sind sie nicht. Es dauert eben. Seine Diagnose: schwere Prellung. Schnell schicke ich ein Stoßgebet Richtung Himmel. Nun kommt die Hüfte dran. Als dieser Fleischer mit der Untersuchung beginnt, denke ich, ich muss ihm den Hals umdrehen. Er nimmt mein linkes Bein, dreht es von einer Seite auf die andere und dann zur Mitte hin. Bei diesen Schmerzen rutscht mir ein kleiner Schrei heraus. Nach unendlichen Minuten, die mir wie Stunden vorkommen, scheint er die Diagnose fertig zu haben.

Er teilt seine Untersuchungsergebnisse meiner Anwältin mit. Es ist ein sehr ernstes Gespräch zwischen den beiden. Auch ihr Gesicht wird immer entsetzter. Und plötzlich rinnen ihr Tränen aus den Augen. Sie, die eine so toughe Frau ist, weint? Was ist los mit mir? Mir wird ganz flau im Magen. Der Kreislauf scheint mir den Dienst zu versagen.

„Was ist?", frage ich kaum hörbar, da mir der Atem stockt.

Sie schluckt: „Sie können froh sein, dass Sie noch leben“, wirft sie mir an den Kopf.

„Warum? Was ist denn nun?“ Trotz der sommerlichen Hitze laufen mir Schauer über den ganzen Körper. Mir ist kalt.

Sie schluckt noch einmal, als müsse sie all ihre Kraft zusammennehmen, um mir die Diagnose mitzuteilen.

„Gebrochen ist nichts. Aber Ihre Hüfte hat sich total verschoben. Die Fugen, die sich in diesem Bereich befinden, sind vollständig aus dem Normbereich. Sie sollten froh sein, dass Sie sich noch so bewegen können. Normalerweise würden Sie im Rollstuhl sitzen. Bei jedem anderen Menschen wäre das Becken vollständig zertrümmert. Doch da Sie recht leicht und anscheinend sehr sportlich sind, hat Ihr Körper den enormen Aufprall abfangen können.“

Mit diesen Worten wendet sie sich von mir ab, geht wenige Meter weg von mir. Ich liege da und weiß nicht, wie ich jetzt reagieren soll. Völlig teilnahmslos nehme ich das alles hin.

In meinem Kopf überschlagen sich die Gedanken: „Wie jetzt? Ich soll froh sein, dass es mir so beschissen geht? Das kann nicht wahr sein!“ Mir wird schwarz vor Augen. Ich versuche mich dennoch aufzurichten, was mir aber nicht gelingt. Ich falle wieder zurück. Der unsanfte Aufprall entlockt mir einen Schmerzensschrei.

Schnell ist eine Schwester bei mir. Obwohl ich weiß, dass sie mich nicht versteht, sage ich: „Ich will hier weg, ich will hier raus. Bringen Sie mich fort von hier.“

Es ist ein Flehen. Ich fühle mich verlassen und so einsam wie noch nie in meinem Leben. Wie gern hätte ich jetzt meine Mama bei mir. Ich würde mich an sie klammern und wie ein kleines Kind einfach meinem Schmerz freien Lauf lassen. Doch sie ist über 4000 Kilometer weit weg.

„Was kann man dagegen tun, Frau Özbakir?“, frage ich.

Mit großen ausdruckslosen Augen schaut sie mich an: „Nichts. Es ist ein dauerhafter Schaden, mit dem Sie von nun an leben müssen."

„Bringen Sie mich sofort hier weg. Aber schnell. Ich will endlich nach Hause."

Zwei Schwestern helfen mir beim Aufstehen. Schlurfend verlasse ich das Krankenhaus.

„Sehen Sie zu, dass Sie so schnell als möglich einen Flug für mich nach Hause bekommen", fordere ich sie auf dem Weg zum Auto auf.

Sie scheint jeder Reaktion unfähig zu sein. Sie nickt nur.

Und ohne ein weiteres Wort fährt sie mich zurück. Als wir ankommen, steht die alte Frau schon da und erwartet mich.

Monoton wie eine Maschine erzählt Ferhat ihr, was die Ärzte gesagt haben. Obwohl sie viel kleiner ist als ich, nimmt mich die Oma um die Hüfte und führt mich auf mein Krankenlager zurück. Ich merke, dass sie alles neu gemacht hat. Vorsichtig lasse ich mich nieder.

Während ich so vor mich hinstarre und versuche, das Gesagte zu verarbeiten, klingelt mein Handy.

Ohne auf die Nummer des Anrufers zu schauen, gehe ich ran.

„Hallo, Schatzi, wie geht es dir? Hast du eine Anzeige gemacht? Nimm die zurück. Oder willst du, dass ich ins Gefängnis muss?“, höre ich am anderen Ende die Stimme von Idris. Ohne darauf zu antworten, drücke ich den roten Hörerknopf.

Ausdruckslos blicke ich ins Nichts. Das kann alles nur ein böser Traum sein. Bitte lasst mich aus diesem bösen Traum aufwachen.

„Ich gehe jetzt mal wieder“, sagt Ferhat, meine Anwältin. „Ich schaue im Internet, wann der nächste günstige Flug nach Düsseldorf geht.“

Als Antwort nicke ich nur. Doch da ist sie schon aus der Tür.

Die Hitze macht mir zu schaffen. Keine Klimaanlage. Auch meine Pflegerin geht leise aus dem Zimmer. Ich bin allein. Endlich kann ich meinem ganzen Kummer, meinem ganzen Leid freien Lauf lassen. Ich vernehme mein herzzerreißendes Schluchzen selbst. Das muss jetzt sein. Es muss alles raus, sonst ersticke ich.

Plötzlich werde ich vom Klingeln des Telefons aus meinem Selbstmitleid gerissen.

„Was?", ist meine Antwort. Dabei weiß ich längst, wer wieder am anderen Ende ist.

„Willst du wirklich, dass ich in den Knast komme? Ich habe keine Bleibe mehr, übernachte am Strand oder suche mir ein Höhle. Ich habe seit Tagen nicht mehr geduscht. Wo bist du? Sag es mir, ich hole dich ab."

Der letzte Satz verursacht eine noch nie gekannte Panik in mir. Schnell beende ich das Gespräch und schalte das Telefon aus.

Ich muss mir weiter alles von der Seele schreiben. Nur so kann ich wieder zurück ins Leben finden. Im Moment fühle ich kein Leben in mir. Mein Herz schlägt, ich atme, doch ich lebe nicht.

Wo war ich stehengeblieben? Ach ja ...

***

Ich wartete also auf ihn. Dabei war mir klar, dass er nicht in einer Stunde wieder zu Hause sein würde. Doch ein Fünkchen Hoffnung, dass es doch vielleicht wenigstens heute anders sein würde, weil sein Freund dabei war, ließ mich auf ihn warten. Ich saß auf dem Balkon. Nach einer Stunde war Idris immer noch nicht wieder zurück. Es war zwei Uhr morgens. Auch zwei Stunden später war er noch nicht wieder da. Ich schaute vom Balkon. Weit und breit nichts zu sehen von den beiden Männern. Also beschloss ich, ins Bett zu gehen. Zuvor ging ich noch einmal an die Wohnungstür und drehte den Schlüssel einmal herum.

Da ich sehr müde war, schlief ich rasch ein.

***

Eine SMS auf meinem Handy.

„Sag mir endlich, wo du bist.“

Es kann doch nicht sein, dass er so tut, als sei nichts gewesen.

Es klingelt.

Wieder mache ich den Fehler und gehe ran.

„Schatzi, komm schon. Wo bist du?“

„Lass mich in Ruhe. Sag mal, glaubst du allen Ernstes, dass ich dir das verzeihen kann?“

„Nun dreh mal nicht gleich am Rad. Weißt du, was du mir angetan hast? Ich habe keine Bleibe. Warum hast du mich angezeigt?“

„Warum ich dich angezeigt habe?“

Ich bin fassungslos.

„Du hast mich fast totgeschlagen. Dass ich noch lebe, ist ein Wunder. Und du fragst, warum ich dich angezeigt habe? Du hast dich bis jetzt noch nicht einmal entschuldigt für das, was du mir angetan hast.“

„Entschuldige. So, und jetzt sag mir, wo du bist.“

Das ist alles zu viel für mich. Ich lege auf und schalte das Handy aus.

***

Ich schlief also ziemlich fest, da ich wahnsinnig müde war.

War es ein Traum oder Wirklichkeit? Wie im Nebel hörte ich ein Klingeln und Klopfen. Es wurde immer eindringlicher. Ich war jedoch so im Tiefschlaf, dass ich überhaupt nicht zu mir kam. Wie lange das ging, weiß ich nicht. Irgendwann wurde ich jedoch wach. Ich orientierte mich erst einmal. Wo war ich? Wieder hörte ich das Klopfen und Klingeln. Dann vernahm ich Rufe mit meinem Namen. Langsam erhob ich mich und ging zur Tür.

Und hier sah ich die Bescherung. Ich hatte vergessen, den Schlüssel abzuziehen. Noch schlaftrunken drehte ich den Schlüssel herum und öffnete die Tür.

Noch bevor ich etwas sagen konnte, traf mich ein Faustschlag mitten ins Gesicht. Ich taumelte nach hinten und fiel auf den harten Fliesenboden. Kurzzeitig verlor ich das Bewusstsein. Als ich wieder zu mir kam, sah ich das drohende Gesicht von Idris über mir. Er hob mich an den Haaren und am linken Bein hoch und warf mich weg wie ein Stück Müll. Dabei schimpfte er auf Türkisch. Ich war wie versteinert. Ich konnte nichts sagen, nicht reagieren. Wieder der nächste Faustschlag ins Gesicht.

Was war das? Was passierte da gerade?

Er stand über mir. Mit weit aufgerissenen Augen sah ich ihn an, sagte jedoch kein Wort. Ich spürte wieder den Schmerz auf meinem Kopf. Er hatte mich erneut am Bein gefasst und an den Haaren. Wieder flog ich durch die Wohnung. Dieses Mal versuchte ich jedoch, meine Pobacken so anzuspannen, dass ich den harten Aufprall auf den Fliesen abfedern konnte. Und noch einmal landete ich auf dem Fliesenboden. Wie schon zuvor, als ich da so lag, riss er meinen Kopf hoch und seine Faust traf mich im Gesicht. Ich spürte, wie es langsam anschwoll. Mit dem rechten Auge sah ich kaum noch etwas.

Doch ich versuchte, ihn anzustarren. Er kam mir wie ein Monster vor. Seine Augen blickten wirr um sich herum.

„Du Schlampe“, schrie er. „Ich mach dich alle, ich bring dich um!“, tobte er weiter.

Ich wurde zum dritten Mal hochgehoben. Und wieder landete ich hart. Der nächste Schlag traf mich. Nach diesem erneuten Schlag konnte ich mich ein wenig erholen.

Ali, der Freund von Idris, fasste ihn am Arm und sagte etwas zu ihm auf Türkisch, versuchte, ihn von mir wegzuziehen.

Idris wandte sich zu ihm und antwortete ihm auf Türkisch. Ich hoffte, dass jetzt alles vorbei sei. Doch weit gefehlt. Ali drehte sich um und ging ins Wohnzimmer. Ich konnte ihn nicht mehr sehen.

Nun wandte sich Idris wieder mir zu. Ich kann heute nicht mehr sagen, was ich in diesem Moment gedacht habe. Doch ich erwartete den nächsten Schlag, der mich auch sogleich traf. Fast gleichzeitig mit meinem nächsten Flug und dem Aufklatschen auf den Fliesen. Immer und immer wieder. Wann hörte das endlich auf? Schützend hatte ich meine Hände über meinen Bauch gelegt. Dann lag ich im Schlafzimmer. Er schloss die Tür. Mein Instinkt sagte mir, dass er mich jetzt töten würde. Er ging um mich herum.

„Was kommt jetzt?“, schoss es mir durch den Kopf. Jetzt verspürte ich die ersten Tritte auf der rechten Seite. Ich versuchte, meine Schmerzen zu verkneifen, wollte nicht schreien, um ihn nicht noch aggressiver zu machen. Doch ging das überhaupt? Wie besinnungslos schlug und trat er auf mich ein. Ich betete in Gedanken zu Gott. Idris beschimpfte mich mit den unglaublichsten Flüchen. Wieder und wieder drohte er, mich umzubringen.

Die Wucht der Tritte und Schläge ließ nicht nach. Und ich sah keine Chance, dieser Misshandlung zu entkommen.

„Lieber Gott, lass mich endlich das Bewusstsein verlieren. Mach bitte, dass das alles endlich aufhört. Lieber Gott, wenn es dich gibt, bitte hilf mir.“

Ich habe nicht gezählt, wie oft er mich noch getreten und mir ins Gesicht geboxt hat. Durch die mir verbliebene Sicht konnte ich bei jedem Schlag, bei jedem Tritt den ungezügelten Hass sehen, den er für mich empfand. Plötzlich hielt er kurzzeitig inne. Diesen Moment nutzte ich. Ich krabbelte auf allen Vieren Richtung Bett immer in der Erwartung, den nächsten Schlag oder Tritt abzubekommen. Das Bett vor mir, das ich nun erreicht hatte, schien unüberwindbar hoch zu sein. Ich hörte, wie dieses Monster nah hinter mir war. Mein Herz klopfte so laut. Es kam mir vor, als müsste er meinen Herzschlag hören. Ich wollte ihn ausschalten. Er sollte nicht hören, dass mein Herz immer noch pochte. Es pochte wie wild.

Ich nahm alle meine mir noch verfügbare Kraft zusammen und erklomm das Bett. Trotz unsagbarer Schmerzen rutschte ich in die Ecke des Bettes.

Ich wusste, dass ich keine Fluchtmöglichkeit hatte, doch ich war auch von zwei Seiten geschützt. Ich entwickelte in diesem Moment einen mir bis dato noch unbekannten Überlebenswillen – wie auch hätte er mir bekannt sein sollen, diese Situation war völlig neu für mich. Ich wollte nicht so verrecken, nicht hier und nicht jetzt.

Plötzlich änderte sich sein Gesichtsausdruck.

„Was passiert jetzt?“, fragte mich mein Innerstes panisch. Ich war auf den nächsten Angriff gefasst. Doch er öffnete nur ganz langsam seine Hand. Durch die mir noch verbliebenen Schlitze in meinen Augen sah ich ein Büschel blonder Haare.

„Was ist das denn? Wo kommen die her?“, fragte er mich. „Schau dich mal an. Wie siehst du überhaupt aus? Wo bist du gewesen?“

Ungläubig wandte ich ihm mein Gesicht zu.

Das konnte jetzt alles nicht wahr sein! Er fragte mich, was geschehen war? Dabei hatte er sich noch bis vor wenigen Minuten an mir ausgelassen. Er griff meinen Arm. Dabei rutschte mir ein Schmerzenslaut heraus. Ich war so gut wie bewegungsunfähig und er zog mich vom Bett, ungeachtet meiner Schmerzen, die ich nicht mehr unterdrücken konnte. Ich war auf alles gefasst. Neue Schläge, neue Tritte. Ich war auch darauf gefasst, dass er mich nun erwürgen würde, um seine Tat zu beenden. Wie ein Blitz schoss mir das Schicksal der jungen Frau durch den Kopf, die er bereits im Streit erwürgt haben sollte. Ich spürte plötzlich keine Angst mehr. Ich wollte nur, dass es endlich vorbei war. Selbst den Tod empfand ich zu diesem Zeitpunkt als Erlösung. Zum ersten Mal in meinem Leben verstand ich die Bedeutung des Wortes: ERLÖSUNG. Erlösung von Schmerzen, von Angst. Mit scheinbarer Ungerührtheit trat ich meinem Schicksal entgegen. Ich war bereit, nun auch den Tod zu empfangen.

Wider Erwarten versuchte er, mich in den Arm zu nehmen. Und aller Schmerzen zum Trotz wehrte ich ihn ab.

Da war er wieder. Dieser irre Ausdruck in seinen Augen: „Soll ich wieder böse werden?“, reagierte er auf meine Ablehnung.

„Nein, bitte nicht. Keine Schläge mehr, keine Tritte mehr“, schoss es mir durch den Kopf.

„Egal, was jetzt passiert, lass es über dich ergehen. Wenn er Sex von dir will, lass es geschehen. Alles, nur keine Schmerzen mehr.“

Ich ließ mich also von ihm in die Arme nehmen.

„Wie gern hast du diese Umarmung gehabt?“, schrie mein Inneres. Jetzt verursachten sie weiter nichts als Schauer auf meinem Körper. Gänsehaut des Ekels und des Widerwillens erfasste mich.

„Wie viel hast du getrunken?“

„Was? Ich? Getrunken?“

„Wo bist du gewesen, als ich mit Ali weg war?“

„Das ist jetzt nicht dein Ernst“, entgegnete ich ihm, „das hast du gemacht.“

„Nein. Ich habe dich doch jetzt auf dem Bett so vorgefunden.“ Mit väterlichem Ton versuchte er, mir einzureden, dass ich besoffen war und nicht mehr wüsste, was passiert war.

In meinem Kopf drehte sich alles. Waren es die Schmerzen oder war es die Fassungslosigkeit, die dieses Drehen verursachte? Ich war zu Hause gewesen, hatte auf dem Balkon gesessen, hatte auf ihn und seinen Freund, unseren gemeinsamen Gast, gewartete.

„Weißt du, wie du mich blamiert hast vor meinem Freund? Wir kamen nicht rein. Ich musste das tun. Verstehst du das? Es geht um meine Ehre."

„Bitte, lass mich gehen. Ich will weg hier."

„Du willst zur Polizei, mich anzeigen", fauchte er mich an. „Willst du, dass ich ins Gefängnis komme?"

Er packte mich an beiden Armen.

„Au, du tust mir weh."

„Ich habe dich gefragt, ob du willst, dass ich in den Knast komme. Antworte."

Ich erahnte seinen irren Blick, denn ich hörte diese Stimme, die mir das soeben Erlittene brutal ins Gedächtnis rief.

„Nein, natürlich nicht. Aber bitte, lass mich doch gehen. Ich will nach Hause."

„Dein Zuhause ist hier, bei mir. Und jetzt werden wir schlafen."

„Ja", winselte ich.

„Wo ist dein Handy? Gib es her!"

Wortlos reichte ich es ihm.

„So kommst wenigstens nicht auf dumme Gedanken und rufst die Polizei an."

Sein breites Grinsen schien mich und meine Verletzungen zu verhöhnen.

Er schob mich aufs Bett. Ich wimmerte leise auf.

Auf der rechten Seite konnte ich halbwegs liegen. Er lag hinter mir, umklammerte mich so, dass ich scheinbar keine Chance hatte, ihm zu entkommen. Sein Alkoholatem blies mir in den Nacken. Mir wurde von all dem Gestank übel. Doch ich konnte mich beherrschen. Er schien zu schlafen. Ich wartete. Als ich ihn schnarchen hörte, wusste ich, dass er fest eingeschlafen war. Ich wand mich aus seiner Umklammerung, immer in der Angst, er könnte plötzlich aufwachen. Als ich es geschafft hatte, mich aus diesem Griff zu befreien, schlich ich zur Tür. Ich vermied es, mich umzudrehen, um zu sehen, ob er noch schlief. Vorsichtig, auf Zehenspitzen und meinen Schmerz verkneifend, erreichte ich die Tür des Schlafzimmers. Ich ergriff den Türknauf, hielt kurz inne. Was, wenn die Tür jetzt quietschen würde? Er würde aufwachen! Was mir dann blühte, war mir bewusst. Jetzt war meine einzige Chance, dieser Hölle zu entkommen. Ich musste es versuchen. Ich musste aus der Wohnung raus.

Ganz langsam und millimeterweise drehte ich den Türknauf um.

Als die Tür plötzlich aufsprang, erschrak ich kurz und biss mir auf die Lippe, um nicht zu schreien. Ich schloss die Tür ebenso leise, wie ich sie geöffnet hatte.

Ich wusste, dass meine Tasche im Wohnzimmer stand. Als ich das Wohnzimmer betrat, glaubte ich nicht, was ich durch das Fenster sehen konnte. Ali saß auf meinem Balkon und rauchte in Seelenruhe eine Zigarette. Das konnte einfach nicht wahr sein. Was dachte sich dieser Kerl? Ich schleppte mich zum Balkon, trat ganz dicht vor ihn und hauchte kaum hörbar: „Sehr schön, mein Freund, sehr schön. Danke.“ Dabei spuckte ich ihm all meine Verachtung vor die Füße. Beim Durchqueren des Wohnzimmers ergriff ich schnell meine Tasche, kroch mehr als ich ging zur Wohnungstür. Im Hinausgehen ergriff ich meinen Schlüssel und schlurfte so schnell, wie es mir möglich war, zum Fahrstuhl. Der war zum Glück gerade in meiner Etage. So brauchte ich nicht zu warten.

Ohne etwas um mich herum wahrzunehmen, durchquerte ich den Garten der Wohnanlage. Der Weg bis zur Bushaltestelle erschien mir unbezwingbar.

Dabei waren es nur hundert Meter. An der Hauptstraße schlich ich einfach drauf los. Ich konnte nicht sehen, ob ein Auto kam oder nicht. Nur fort von hier, hämmerte es in meinem Kopf. Und die Angst, dass Idris mir folgen könnte, spornte mich an. Ich hatte keine andere Möglichkeit der Selbsterhaltung, als zu fliehen. Doch wohin sollte ich gehen? Mir fielen nur meine iranischen Freunde ein. Er war Arzt. Er konnte mir helfen. Während ich über mein Fluchtziel nachdachte, kam ein Bus. Er hielt, ohne dass ich ihm ein Zeichen gab. Die Tür ging auf. Der Busfahrer erblickte mich und sagte nur: „Komm, setz dich."

Ich reichte ihm mein Geld. Er schüttelte den Kopf. „Nein. Ist schon gut. Wohin willst du? Sag mir, wo du aussteigen willst."

Ich nickte nur. Als ich die Wohnanlage erblickte, bat ich ihn, zu halten.

Ich stieg aus, überquerte die Straße. Im Wachhaus saß ein Mann, der mich entsetzt ansah.

„Was ist passiert? Wie kann ich helfen?"

Ich sagte ihm, dass ich zu Pedram und Parisa wolle, zum Doktor, zum iranischen Doktor. Er brachte mich zur Wohnung der beiden und klingelte. Nach dem zweiten Klingeln hörten wir Schritte in der Wohnung. Zögerlich öffnete sich die Tür. Parisa schob verschlafen ihren Kopf durch den Türspalt. Der Wachmann sagte, dass ich zu ihnen wolle. Sie schaute mich, noch schlaftrunken, an. Dann schüttelte sie den Kopf.

„Ich kenn diese Frau nicht", antwortete sie und rief nach Pedram. Der kam ziemlich schnell die Treppe herunter und öffnete die Tür weiter. Er stand vor mir, schaute mich von allen Seiten an.

Völlig ungläubig fragte er auf Englisch: „Emilia? Bist du das?"

Meine Schmerzen verbeißend, antwortete ich: „Ja, ich bin's, Pedram."

„Es ist in Ordnung. Sie kann rein zu uns", sagte er zu dem Wachmann und ergriff vorsichtig meinen Arm. Doch selbst bei diesem leichten Griff schossen mir Tränen in die Augen.

Ich spürte, dass meine Tränen nicht aus den Augen fließen konnten, da sie aus den zugeschwollenen Lidern nicht herauskonnten.

„Wer ist das?“, fragte Parisa immer noch ungläubig.

„Das ist Emilia“, antwortete er monoton.

Vom Entsetzen gepackt, schlug sie sich die Hände vor die Augen, drehte sich weg von meinem Anblick und schrie. Pedram führte mich zum Sofa.

„Bitte hilf mir, Pedram“, flehte ich. Parisa setzte sich mit angezogenen Beinen auf die andere Seite des Sofas.

Ohne mich anzufassen, da er ahnte, welche Schmerzen ich hatte, betrachtete Pedram mich von allen Seiten und schüttelte dann den Kopf.

„Ich kann dir nicht helfen.“

„Warum? Du bist doch Arzt.“

„Ich kann dich aber hier nicht untersuchen. Du musst ins Krankenhaus. Ich werde eine Ambulanz rufen.“

Nein, das wollte ich auf keinen Fall.

„Und wir müssen die Polizei rufen.“

„Nein, bitte nicht. Keine Polizei“, flehte ich.

„Emilia, du musst ins Krankenhaus und zur Polizei!“ Er sah mich eindringlich an: „Hast du dich mal im Spiegel angesehen?“

Nein, das hatte ich nicht. Mir hatte nur der Sinn nach Flucht vor diesem Unmenschen gestanden. Ich schüttelte den Kopf.

„Parisa hat dich nicht erkannt. Und ich habe auch eine Weile gebraucht, um zu wissen, dass du das bist. Was soll denn noch passieren?“

„Du musst ins Krankenhaus und zur Polizei“, setzte nun auch Parisa mir zu.

„Nein, nein, nein“, wiederholte ich kopfschüttelnd. „Warum kannst du mich nicht untersuchen?“

„Dein Gesicht muss geröntgt werden. Ich habe hier keine Möglichkeit, dich richtig zu untersuchen. Ich vermute, dass, so wie deine Augen aussehen, die Augenhöhle zertrümmert ist. Du musst bestimmt operiert werden. Das kann ich aber hier auf keinen Fall machen.“

„Bitte, du musst mir helfen", flehte ich. Doch er schüttelte den Kopf. Für mich schien es so zu sein, dass er mir nicht helfen wollte. Ich sah nicht ein, dass Pedram gar keine Möglichkeit hatte, mich zu untersuchen. Tränen quälten sich durch meine zugeschwollenen Augen.

„Du musst ins Krankenhaus, bitte. Nur dort kann man dir helfen", redeten Pedram und Parisa auf mich ein. Parisa saß noch immer mit angezogenen Beinen und den Händen vor dem Gesicht auf dem Sofa mir gegenüber.

„Ich würde gern meine Rechtsanwältin anrufen", flüsterte ich.

„Dann lass uns das jetzt tun", kam es von Pedrams Seite.

„Ich habe aber kein Handy. Idris hat mir das abgenommen", stotterte ich unter meinen Verzweiflungstränen.

„Hast du ihre Telefonnummer?", fragte er mich und reichte mir bereits sein Handy.

„Ich muss mal in meinem Portemonnaie nachschauen", erwiderte ich und suchte, oder besser tastete, mich durch meine Tasche. Dann fand ich das Portemonnaie. Die Visitenkarte musste ich nicht lange suchen. Da es mir schwer fiel, durch meine Sehschlitze die Nummer zu wählen, übernahm Pedram das für mich. Als es klingelte, gab er mir das Telefon. Noch schlaftrunken meldete sich Ferhat am Telefon. Mit tränenerstickter Stimme gab ich mich zu erkennen. Am anderen Ende war Ferhat sofort hellwach.

„Was ist los?“, fragte sie nüchtern und abgeklärt.

„Es ist das eingetreten, wovor Sie mich schon immer gewarnt haben. Idris hat mich zusammengeschlagen. Ich bin aus der Wohnung geflüchtet.“

„Wo sind Sie jetzt? Soll ich ein Auto schicken?“

„Ich bin bei Freunden. Nein, ich brauche kein Auto. Aber Pedram hat gesagt, er kann mir nicht helfen. Ich soll in ein Krankenhaus.“

„Nehmen Sie den nächsten Bus und kommen Sie sofort in mein Büro. Ich mache mich fertig und komme so schnell als möglich“, reagierte sie.

„Aysa wird Sie erst einmal in Empfang nehmen. Ich gebe auch Özgür Bescheid. Die beiden haben einen kürzeren Weg zum Büro, sind schneller da als mein Mann und ich.“

„Hmm.“ Mehr konnte ich nicht sagen.

„Machen Sie sich auf den Weg und seien Sie vorsichtig. Nicht, dass Idris Sie abfängt.“

„Ich passe auf“, erwiderte ich leise und legte auf.

„Was ist jetzt?“, fragte Pedram.

„Ich soll in die Kanzlei kommen. Sie erwarten mich dort.“

„Das ist gut“, nickte er, „die wissen, was sie tun müssen. Ich werde dich jetzt zum Bus bringen.“

Mit diesen Worten half er mir, mich vom Sofa zu erheben. Jede Bewegung schmerzte bis in die letzte Faser meines Körpers. Der Schmerz schien sich von Minute zu Minute zu verstärken.

In Zeitlupe schleppte ich mich zur Bushaltestelle, gestützt auf Pedram. Ich konnte kaum noch laufen. Jeder Schritt war eine Überwindung und von Schmerzen begleitet.

Als der Bus kam, half er mir beim Einsteigen und gab dem Busfahrer die notwendigen Informationen. Bevor der losfuhr, schaute er noch einmal zu mir rüber und schüttelte entgeistert den Kopf.

Die Fahrt schien nicht enden zu wollen. Jede Unebenheit in der Straße entlockte mir ein leichtes Stöhnen, das ich aber, so gut es mir nur möglich war, versuchte zu unterdrücken.

Nach einer Dreiviertelstunde hatte ich das Büro erreicht. Ich stand vor dem Hochhaus und suchte den Klingelknopf. Selbst das Klingeln fiel mir schwer. Die Tür wurde von oben geöffnet. Ich schob mich bis zum Fahrstuhl und drückte hier auf die sechste Etage. Oben angekommen, öffnete sich die Tür wie von Geisterhand. Ich stand Özgür gegenüber. Er schaute mich an wie einen Geist.

„Mein Gott, was ist denn geschehen? Wie sehen Sie denn aus?“, fragte er und fasste mich auch gleich unter den Arm, um mich aus dem Fahrstuhl zu schleifen. Langsamen Schrittes ging er mit mir in den Aufenthaltsraum. Hier stellte mir die Sekretärin, die mich ebenso geschockt ansah, ohne ein Wort ein Glas Wasser hin. Özgür reichte mir eine Zigarette. Selbst das Rauchen fiel mir schwer. Ich spürte nun erst, dass auch meine Lippen angeschwollen waren.

Kaum hörbar, vernahm ich seine Frage: „Was ist passiert? Warum sehen Sie so aus?“

Stotternd erzählte ich ihm, was vorgefallen war. Sein Gesicht spiegelte das Entsetzen wieder, das er bei meiner Schilderung verspürte.

Irgendwann kamen dann auch Ferhat und ihr Mann. Sie drückte die Tür auf. Ich drehte mich zu ihr um. Als wir uns anblickten, drehte sie sich sofort weg. Ihr Mann hielt sich vor Schreck die Hand vor den Mund. Mit Tränen in den Augen fragte sie mich: „Wie konnte das denn nur passieren?“

„Sie haben mir mal ein Bild von einer Frau gezeigt und gesagt, dass Sie mich so niemals sehen möchten.“

„Ja, ich weiß. Aber Sie sehen noch schlimmer aus. Ich kann es nicht fassen. Erzählen Sie.“

Bei meiner Erzählung schüttelte sie hin und wieder den Kopf. Ihr Mann hatte in der Zwischenzeit eine Kamera geholt und fotografierte mich von verschiedenen Seiten.

Ferhat unterbrach meine Erzählung und bat die Sekretärin, mir etwas zu essen zuzubereiten. Ich lehnte dankend ab.

Doch sie bestand darauf, dass ich etwas essen müsste. Ich verspürte keinen Hunger, nur Schmerzen. In meinem bisherigen Leben hatte nie zuvor solche Pein erdulden müssen und auch bis dahin nicht angenommen, dass man solche Schmerzen haben kann.

Während Aysa mir den Tisch deckte, fuhr ich mit der Schilderung fort. In den Gesichtern konnte ich ablesen, wie entsetzt alle über mein Erlebtes waren. Wäre nicht mein entstelltes Gesicht gewesen, hätte mir wahrscheinlich keiner geglaubt, dass mir das wirklich passiert war. Doch ich hatte immer noch nicht gesehen, wie ich aussah. Ich konnte es nur erahnen, die Sehschlitze wurden immer kleiner. Aysa brachte mir einen Eisbeutel, mit dem ich mein Gesicht kühlen konnte. Indessen bereitete mir Ferhat mein Frühstück mundgerecht in Häppchen zu.

Als ich alles erzählt hatte, wandte sich Ali, Ferhats Mann, an mich: „Ich werde zusammen mit Özgür jeden Weg mit Ihnen gehen, wenn Sie diesen Mann anzeigen wollen. Aber ich erwarte, dass Sie sich zuvor genau überlegen, ob Sie das alles auch durchziehen wollen. Ich bin nämlich nicht bereit, alle Institutionen mit Ihnen abzulaufen, um vielleicht nach vier Wochen von Ihnen zu hören, dass Sie sich mit Idris wieder vertragen und Sie die Anzeige zurückziehen wollen.“

Ich sah ihn verwirrt an: „Wie kommen Sie denn darauf? Glauben Sie allen Ernstes, dass ich das noch einmal erleben will?“, fragte ich ungläubig.

„Ja, warum haben Sie denn dann die Anzeige in Alanya zurückgezogen?“

„Wie bitte?“ Ich konnte nicht fassen, was ich da hörte. „Das habe ich doch gar nicht.“

„Uns wurde mitgeteilt, dass Sie die Anzeige gegen Idris zurückgezogen haben. Das Verfahren gegen ihn wurde eingestellt.“

„Das kann nicht sein. Ich habe das niemals getan. Das kann ich beschwören. Ich mache mich doch nicht lächerlich.“

„Wer soll das dann sonst gewesen sein? Eine Frau, blond, lange Haare.“

„Ich jedenfalls nicht. Aber mir schwant, wer das gewesen sein kann. Moni.“

„Wer ist Moni?“, fragten Ferhat und Ali fast zugleich.

Ich erzählte es, und beide schüttelten ungläubig die Köpfe.

***

Ich brauche wieder mal eine Pause, denn soeben habe ich alles noch einmal durchleben müssen. Das zehrt an meinen ohnehin recht spärlichen Kräften. Mein Handy scheint mich höhnisch anzulachen, als wollte es sagen: „Mach mich doch mal an."

Und ich mache es an. Und sofort klingelt es. Idris.

Und ich gehe ran.

„Schatzi, wo bist du denn? Sag' es mir doch bitte. Wir können in Kepez ein Haus anmieten. Ein Bauernhaus. Das habe ich in Erfahrung gebracht."

Bei dem Wort Kepez gefriert mir fast das Blut in den Adern. Ist dies doch der Stadtteil, in dem ich mein Versteck habe. Dennoch versuche ich, mich zu beherrschen und antworte: „Wir? Ein Haus? Anmieten? Sag' mal, hast du sie noch alle? Du musst doch nicht mehr ganz fit im Kopf sein." Trotz aller Schmerzen entlädt sich jetzt meine ganze Wut, die ich bis dahin aufsparen musste.

„Sag mal, du bist dir immer noch nicht bewusst, was du mir angetan hast?"

„Ich habe einen kleinen Fehler gemacht. Das kann schon mal passieren. Außerdem bist du selber daran schuld, dass ich dir eine verpassen musste. Ich musste mein Gesicht vor meinem Freund wahren."

„Einen kleinen Fehler? Du musstest dein Gesicht wahren? Du bist doch komplett irre. Lass mich endlich in Ruhe. Ich will mit dir nichts mehr zu tun haben."

„Aber du bist selbst daran schuld. Warum hast du den Schlüssel nicht abgezogen?"

„Idris, das ist keine Entschuldigung."

„Du weißt, dass ich dich liebe. Das weißt du. Oder weißt du das nicht? Du hast mich so provoziert. Ich wollte das alles nicht."

Langsam setzt mein Verstand aus. Er liebt mich?

„Hast du all unsere schönen Zeiten vergessen? Ich will wieder neu mit dir anfangen. Hörst du? Hallo! Bist du noch dran?“

In mir herrscht das blanke Chaos. Nein, ich habe die schönen Zeiten nicht vergessen. Doch sind da auch die ganzen Alkoholexzesse, die Gewalt, die ich erdulden musste.

Langsam fasse ich mich wieder: „Idris, du hast ein Problem. Und dein Problem heißt Alkohol. Mach eine Therapie. Nicht mehr für mich. Für dich und für die Frau, die nach mir kommt.“

„Schatzi, ich werde nichts mehr trinken. Das verspreche ich dir.“

„Das hast du schon so oft versprochen. Gehalten hast du es nie“, antworte ich beinahe tonlos. „Idris, es hat keinen Zweck. Ich will nicht mehr.“

„Nur noch eine Chance. Bitte. Ich brauche dich. Ich kann ohne dich nicht mehr leben.“

Nach diesem Satz lege ich ohne eine weitere Antwort auf.

Telefonklingeln.

Ich drücke weg.

Telefonklingeln.

Ich drücke weg.

Telefonklingeln.

Ich drücke weg und schalte endlich aus.

Ich kann nicht mehr.

„Bin ich wirklich selbst daran schuld, dass ich jetzt hier so liege?“

Zweifel steigen in mir hoch.

„Nein“, schreit mein Verstand, „du hast keine Schuld.“

„Warum hast du den Schlüssel nicht abgezogen?“, fragt mich mein anderes Ich.

Ich starre vor mich hin und weiß nicht mehr weiter. Dann wieder steigen in mir die Worte von Ali Fuat hoch: „Ich möchte nicht nach vier Wochen hören, dass Sie sich wieder mit diesem Mann versöhnt haben."

Und ich habe es ihm versprochen. Will ich mich allen Ernstes unglaubwürdig machen? Das kann ich mir nicht antun. Jetzt muss ich endlich an mich denken. Ich habe doch auch noch ein Leben. Das soll endlich wieder lebenswert werden. Bevor ich das aber umsetzen kann, muss ich weg, weg von hier, weg aus der Türkei. Ich weiß, dass nur noch meine Familie mir jetzt helfen kann. Wann gibt es endlich einen günstigen Flug für mich zurück?

Die Saison ist in vollem Gange, und da ist es nun einmal sehr schwierig, einen Flug nach Deutschland zu bekommen. Doch so lange kann das auch wieder nicht dauern.

***

Nach dem Frühstück gingen wir los. Zuerst fuhren wir zu einer Polizeistation. Hier erhielt der Rechtsanwalt ein wichtiges Papier, das wir unbedingt brauchten, um im Krankenhaus eine gerichtsmedizinische Untersuchung durchführen lassen zu können. Özgür hielt mir die Tür beim Ein- und Aussteigen auf. Ich quälte mich in den hinteren Bereich des Autos. Im Krankenhaus stellte der Rechtsanwalt das Auto auf dem Parkplatz ab. Wir mussten noch ungefähr einhundert Meter laufen. Für mich waren das einhundert Kilometer. Zuerst gingen wir in eine kleine Baracke. Oh mein Gott! Was sollte ich hier nur?

In meinem Gesicht muss mein Entsetzen sichtbar gewesen sein. Aus diesem Grund erklärte mir wohl der Übersetzer: „Das ist die Anmeldung. Hier müssen wir das Dokument für die Anzeige abgeben. Wenn alle Untersuchungen gemacht worden sind, werden die Ergebnisse hier eingetragen. Dann erhalten wir das Dokument zurück und gehen damit zum Staatsanwalt."

Ich war dankbar für die Erklärung und nickte. In den Blicken der Menschen sah ich stets nur Entsetzen, sobald sie mich ansahen. Ich selbst hatte mich immer noch nicht gesehen. Doch ihren Blicken nach musste ich gruselig aussehen.

Nun schlich ich hinter den beiden Männern her. Wir gingen in ein großes Gebäude. Mir schlug der Krankenhauslärm entgegen. Am liebsten wäre ich wieder hinausgerannt. Doch das war unmöglich. Ich folgte also meinen Begleitern. In der Notaufnahme erklärte der Rechtsanwalt, was geschehen war. Selbst die anwesenden Schwestern und Pfleger schüttelten bei meinem Anblick die Köpfe.

Schnell füllte ein Pfleger einen Anmeldebogen aus, ließ ihn von Computer ausdrucken und drückte ihn mir in die Hand.

Von Özgür erfuhr ich, dass ich mit diesem Zettel zum Röntgen gehen müsse. Er begleitete mich. Auch hier stellte der Assistent wieder die Frage, was um Himmels willen geschehen sei. Özgür übernahm freundlicherweise die Erklärung. Und wie nicht anders zu erwarten, reagierte auch dieser Mann mit Unverständnis. Als ich von der Untersuchung zurückkam, teilte man mir mit, dass ich ungefähr eine Stunde auf das Ergebnis warten müsse. Ali und Özgür schlugen vor, im Garten des Krankenhauses einen Kaffee zu trinken. Mir war zwar jede Bewegung zu viel. Doch gegen einen Kaffee hatte ich nichts einzuwenden. Wir fanden einen Platz weit ab vom Getümmel. Ich setzte ließ langsam nieder. Ali ging den Kaffee zu holen.

„Warum schauen mich alle Leute so an?“, fragte ich Özgür.

„Haben Sie sich noch gar nicht gesehen?“, gab er als Antwort. Ich schüttelte den Kopf.

Er nickte, nahm sein Handy heraus.

„Dann werde ich jetzt mal ein Foto von Ihnen machen“, erklärte er mir und drückte auch schon auf den Auslöser. Ohne ein weiteres Wort zu sagen, drehte er sein Handy um, sodass ich das Display sehen konnte. Was ich erblickte, versetzte mich in völlige Erstarrung.

„Das bin also ich?“

Nickend antwortete er: „Ja. Das sind Sie, Frau Pfeifer.“

Ich drehte meinen Kopf zur Seite, wollte das nicht mehr sehen. Das Bild zeigte keine Frau. Da waren nur ein Haufen blauer Flecke und Schwellungen. Wo war mein Gesicht? Das konnte man nur noch erahnen.

„Oh mein Gott“, entfuhr es mir. Schweigend tranken wir unseren Kaffee. Nun erklärte mir Herr Fuat, welche Schritte als nächstes unternommen werden müssten. Nach erfolgter Untersuchung würden wir wieder zu der mir bereits bekannten Baracke gehen, um den Schein abzuholen.

Er müsste auch sicherstellen, dass bei Gericht ein Staatsanwalt anwesend sei. Also telefonierte er.

Özgür schaute auf die Uhr und mahnte zum Rückweg an. Wieder schlich ich mehr, als ich ging. Am Eingang zur Notaufnahme wurden wir angehalten. Der zuständige Pfleger sprach mit Herrn Fuat. Özgür stand unmittelbar daneben. Er wandte sich zu mir um: „Sie müssen noch einmal untersucht werden. Auf der Aufnahme von vorhin ist nicht richtig ersichtlich, wie groß der Riss in der Augenhöhle ist.“

„Wie bitte? Ein Riss in der Augenhöhle? Was redet der da?“, schoss es mir durch den Kopf.

„Sie müssen noch einmal zum CT. Das ist eine Computertomografie.“

„Ich weiß“, nickte ich.

Also wieder den endlos wirkenden Gang hinunter. Wir bogen nach links. An der Tür wurden wir schon wieder erwartet. Ein mitleidiger Blick empfing mich. Der Mann fasste mich vorsichtig am Arm, doch ich zog ihn mit vor Schmerzen verzerrtem Gesicht weg. Er entschuldigte sich und ließ mich wissen, dass ich mich mit meinem eigenen möglichen Tempo zur Liege des Untersuchungsgerätes begeben solle. Erreicht hatte ich sie. Doch wie sollte ich draufkommen? Mit dem Fußpedal ließ er die Liege so weit wie möglich hinab. Selbst jetzt noch war sie viel zu hoch für mich. Ich sollte mich mit dem Rücken zur Liege stellen. Özgür und er stellten sich jeweils an eine Seite von mir. Der Assistent ließ Özgür übersetzen, dass ich mich mit beiden Beinen abdrücken solle. Sie würden mir unter die Arme greifen und mich dann auf das Bett ziehen. Diese Schmerzen würde ich wohl aushalten müssen. Ich biss mir auf die Lippen und ließ geschehen, was nicht zu umgehen war. Nun saß ich also. Doch das Hinlegen musste ich selbst bewerkstelligen. Mit einem Kissen in der Hand, stand der Assistent wartend vor mir. In Zeitlupe legte ich mich. Bohrende Schmerzen in Rippen und in Hüfte trieben mir die Tränen in die Augen. Am liebsten wäre ich wieder aufgesprungen, was mir nicht möglich war.

„Bitte machen Sie schnell. Ich kann nicht lange so liegen."

Mit jeder Stunde wurden die Schmerzen stärker und unerträglicher. Der Mediziner nickte verständnisvoll.

Mit der Aufnahme in der Hand ging Özgür vor mir zurück in die Notaufnahme und gab das Ergebnis ab. Hier warteten bereits zwei Ärzte. Ich erfuhr, dass einer der zuständige Augenarzt war. Der andere war ein dazu gezogener Chirurg. Beide schauten sich die Aufnahmen an. Kopfschütteln. Sie gingen an ein Lichtgerät, um die Aufnahmen noch besser unter die

Lupe nehmen zu können. Langsam stieg in mir die Ahnung auf, dass das nichts Gutes verhieß.

„Was machen die so lange?“, fragte ich ungeduldig. Ich rechnete mit dem Schlimmsten. Die Ärzte gingen an den Tresen zurück. Einer nahm das Telefon und rief irgendwo an. Nun klingelte auch noch das Telefon von Herrn Fuat. Meine Nerven lagen blank. Beide Ärzte traten auf Özgür zu und sprachen mit ihm. Sein Gesicht verfinsterte sich. Er kam zu mir zurück.

„Was ist denn los?“, fragte ich ungehalten.

Er zog seinen Mund kraus: „Sie haben jetzt noch eine plastische Chirurgin angerufen. Sie sind sich unsicher. Fest steht, dass Ihre Augenhöhle einen Riss hat, durch die Schläge, die Sie abbekommen haben.“

Das wusste ich doch schon.

„Die Frage ist jetzt nur, ob man operieren muss oder nicht.“

Hatte ich richtig gehört? Nein, das käme auf keinen Fall in Frage. Ich ließ mich hier nicht operieren. Niemals! Wir brauchten nicht lange zu warten, bis die angeforderte Ärztin kam. Im Gegensatz zu ihren beiden Kollegen war sie recht zierlich gebaut. Sie schaute sich die Aufnahmen an, sprach mit den beiden Ärzten. Dann bat sie mich in einwandfreiem Englisch, ihr zu folgen. Wir gingen zu einem Untersuchungsbett. Wieder die gleiche Prozedur. Ich hasste das. Vorsichtig half sie mir beim Hinlegen. Nun kamen die beiden anderen Ärzte hinzu.

Mir wurde ziemlich ängstlich zumute, gerade weil der Chirurg eher wie ein Fleischer aussah.

Die Frau stellte sich ans Kopfende und zog mein Oberlid hoch. Der Chirurg tat das gleiche mit meinem Unterlid. Nur so konnte der Augenarzt erst einmal untersuchen, ob ich überhaupt noch ein Sehvermögen hatte. Bis zu diesem Zeitpunkt hatte ich daran überhaupt nicht gedacht. Entwarnung! Ich konnte sehen. Dann untersuchten alle drei noch einmal mein Auge. Meine Angst vor der endlichen Diagnose steigerte sich ins Unermessliche.

Als sie fertig waren, setzen sie mich auf. Jetzt musste ich dem Unausweichlichen entgegentreten.

„Sie haben einen Riss in der Augenhöhle. Doch glücklicherweise ist er dergestalt, dass wir auf eine OP verzichten können. Was uns viel mehr beunruhigt, ist die Tatsache, dass die Blutergüsse in Ihrem Gesicht eigentlich entfernt werden müssten. Das heißt, wir müssten aufschneiden, damit das Blut ablaufen kann."

„Nein, das kommt nicht in Frage", schrie ich ihr schon fast entgegen.

„Beruhigen Sie sich. Wenn Sie das nicht wollen, müssen Sie aber sehr gut kühlen, sonst behalten sie etwas zurück." Mit diesen Worten legte sie mir ihre Hand auf die Schulter. Ich zuckte vor Schmerzen zusammen.

„Was ist?", fragte sie, „Haben Sie noch woanders Schmerzen?"

„Ich zeigte auf meinen Po und erklärte ihr, was geschehen war. Auch auf meine Rippen zeigte ich. Sie ließ den Vorhang wieder schließen und forderte mich auf, meinen Oberkörper frei zu machen, um mich eingehend untersuchen zu können. Nachdem sie sich alles genau angesehen hatte, schüttelte sie den Kopf und sagte: „Das andere sind nur Prellungen. Die tun zwar sehr weh, doch es ist nichts gebrochen. Und das ist wichtig."

Ich sah sie an. „Ich will nach Hause", sagte ich mit weinerlicher Stimme. Sie nickte nur und hieß mich, mich wieder anzuziehen.

Nun schob sie den Vorhang zur Seite und ließ mich allein. Ich zog mir mein T-Shirt über und schlurfte hinaus.

Ich stand vor Özgür und Herrn Fuat.

„Was nun?", fragte ich und erschrak über meine tonlose Stimme.

„Wir holen uns in ein paar Minuten den Befund ab. Dann fahren wir zum Staatsanwalt. Sie müssen Ihre Aussage machen. Die muss ganz genau sein."

Ich nickte, wohlwissend, dass mir das nicht leicht fallen würde. Ich wusste, ich würde alles noch einmal durchleben müssen. Ich fürchtete mich davor. Doch es half nichts. Da musste ich jetzt durch. Mit allen notwendigen Papieren fuhren wir zu einem alten Gebäude. Es war eines von denen, die ich eigentlich sehr mag. Anmutig, ehrwürdig. Die großen Steine, aus denen es gebaut war, schienen eine lange und alte Geschichte zu erzählen. Doch das alles nahm ich an diesem Tag nicht so recht wahr. Als wir das Gerichtsgebäude betraten, schaute ich unvermittelt nach oben.

Der hohe Eingangsbereich war von einer riesigen Glaskuppel überdacht. Ich sah mich um, und alles, was ich wahrnahm, flößte mir noch mehr Ehrfurcht ein. Ich folgte meinen beiden Begleitern. Vor einer Tür mit einem goldenen Namensschild machten wir halt. Herr Fuat wies auf einen Stuhl. Doch ich zog es vor, stehen zu bleiben. Er klopfte an der Tür. Keine Antwort. Er ging ein paar Schritte weiter und versuchte an einer weiteren Tür sein Glück. Die Tür ging auf, und ein junger Mann in Polizeiuniform trat heraus. Er schaute auf uns und hörte gleichzeitig zu. Mit einem Nicken entfernte er sich. Nach wenigen Minuten kehrte er zurück, gefolgt von einem recht großen Mann mit einer Brille mit schwarzem Rahmen. Der schaute sehr ernst zu mir. Dann begrüßte er Herrn Fuat. Özgür begrüßte er nur mit einem Blick. Er schloss einen Raum mit einem goldenen Namensschild auf und bat uns herein. Mit der Hand wies er uns Plätze zu. Gern hätte ich diese Aufforderung abgelehnt. Während er sich hinter seinen wuchtigen Schreibtisch begab, nahm er die Papiere aus dem Krankenhaus in Empfang.

Und noch beim Setzen begann er mit dem Lesen. Hin und wieder verzog er ärgerlich den Mund und schüttelte verständnislos den Kopf.

Ich schaute öfter zu Özgür, mit einem fragenden Blick. Doch der zuckte nur mit den Schultern. Die Stille, die in diesem Moment in diesem Raum war, wurde durch ein kurzes Gespräch zwischen Herrn Fuat und dem Staatsanwalt unterbrochen. Danach wandte er sich mir zu und forderte mich auf, zu schildern, was passiert war. Mit einer eindeutigen Handbewegung stoppte er mich sogleich wieder und rief nach einem Schreiber, der augenblicklich erschien. Nun sollte ich erneut beginnen. Er ließ mich erzählen, nur unterbrochen von den Übersetzungen von Özgür. Sein Gesicht verriet keinerlei Regung. Er blickte auf das vor ihm liegende Papier. An einer Stelle hob er den Kopf und fragte mich: „Was hat der Mann ganz genau zu Ihnen gesagt, als er Sie so behandelt hat?“

Ich blickte ihn an: „Wie bitte? Wie meinen Sie das?“

Sein Gesicht zog sich verärgert zusammen: „Ich will wissen, was der Mann zu Ihnen genau gesagt hat.“

Ich blickte ihn an und schüttelte dabei den Kopf: „Das kann ich hier nicht wiederholen. Da schäme ich mich.“

Herr Fuat beugte sich nach vorn: „Das müssen Sie aber jetzt tun. Das ist wichtig. Es geht hier darum, was ihm dann zur Last gelegt wird. Überwinden Sie sich.“

Ich drehte meinen Kopf wieder in Richtung Staatsanwalt und wiederholte die unflätigen und drohenden Worte, die mir Idris in seinem Wahn an den Kopf geschleudert hatte. Vor meinem inneren Auge erlebte ich alles noch einmal. Der Kloß in meinem Hals wurde immer größer. Doch ich kämpfte dagegen an. Und ich schaffte es.

Özgür las mir noch einmal alles vor. Dann musste ich meine Aussage unterschreiben. Als dies erledigt war, verließen wir das Gerichtsgebäude. Ich ging mit gesenktem Blick, denn trotz der Sonnenbrille wollte ich nicht, dass mich jemand so sah. Draußen fragte ich ganz leise: „Wo gehen wir jetzt hin?"

Beide Männer stoppten.

„Wir werden jetzt in Ihre Wohnung fahren."

Der Satz traf mich wie ein erneuter Schlag.

„Ich soll dorthin zurück?" Ungläubig schaute ich von einem zum anderen.

„Es gab heute keinen Flug mehr. Sie müssen ein paar Sachen zusammenpacken. Wir haben eine Unterkunft für Sie gefunden. Dort sind Sie erst einmal sicher."

Was sollte ich tun? Ich musste mich in mein Schicksal fügen. Ich hatte weder Papiere noch viel Geld bei mir. Telefonkarte und Handy hatte Idris mir abgenommen. Also blieb mir weiter nichts übrig, als mich in mein Schicksal zu fügen, wenn auch widerwillig.

Erneut bestiegen wir das Auto von Ali. Noch bevor er losfuhr, telefonierte er. Kurze Ansagen, die keinen Widerspruch zuließen.

Nach einer Weile hielt er an. Hier warteten bereits zwei recht breitschultrige Männer. Ohne ein Wort zu verlieren, stiegen sie ein. Die beiden musterten mich. Die Fahrt ging weiter.

„Wo genau ist das Reisebüro, in dem Idris arbeitet?", fragte Herr Fuat.

„Am Kundubasar", antwortete ich. Er fuhr in diese Richtung, und mir drehte sich der Magen fast um. Kurz vor dem besagten Basar hielt er an und drehte sich zu mir um: „Wir fahren jetzt ganz langsam dort vorbei. Sie versuchen sich zu ducken, aber so, dass Sie trotzdem erkennen können, ob Idris sich im Reisebüro aufhält."

Ich bestätigte die Anweisung von ihm durch eine Kopfbewegung. Er fuhr einmal um das Gebäude herum. Etwas entfernt hielt er wieder an: „Und? War er da?“

„Nein“, gab ich nur zurück.

„Gut, dann zeigen Sie mir jetzt noch, wo Ihre Freunde wohnen. Wir brauchen deren Adresse, wenn sie aussagen sollen.“

Ich lotse ihn zu dieser Wohnanlage. Sofort sprang der Sicherheitsmann aus seinem Häuschen. Er ging um das Auto herum. Ali ließ die Scheibe herunter und sprach den Mann an.

Auf eine Frage von Ali zeigte der Mann mit dem Finger auf mich und sagte immer nur: „Evet, Allah, Allah. Evet.“ Dann entfernte er sich wieder in Richtung seines Aufpasserhäuschens.

Ali drehte das Auto, und die Fahrt ging in Richtung meiner Wohnung. Die Männer wiesen mich an, im Auto sitzen zu bleiben. Das fiel mir nicht schwer. Sie stiegen aus. Während sie zum Eingangstor gingen, kam der

Hausverwalter auf sie zu. Freundlich wie immer, sprach er sie an. Dann beugte er etwas die Knie und blickte in meine Richtung. Er wollte mir zuwinken. Doch als er mich so sah, fiel seine Hand nach unten. Die Männer unterhielten sich angeregt. Ich konnte sehen, wie auch noch der Gärtner kam und an diesem Gespräch teilnahm. Immer mehr männliche Bewohner der Site gesellten sich zu den Herren in Anzügen, die mich hierher gebracht hatten. Nach einem sehr angeregten Gespräch ging der Hausverwalter in sein Büro, um mit einem neuen Schloss zurückzukommen. Einer der Männer, die unterwegs zugestiegen waren, kam auf das Auto zu, öffnete die Tür und half mir beim Aussteigen. Die mitleidigen Blicke der Hausbewohner bohrten sich tief in meine Seele.

„Wir werden jetzt in Ihre Wohnung gehen. Dort werden Sie das Nötigste zusammenpacken, was Sie für ein paar Tage brauchen."

Begleitet von acht Männern, die mich in die Mitte nahmen, begaben wir uns nach oben. Ali hielt seine Hand auf, und ich reichte ihm den

Schlüssel. Die beiden Bodyguards betraten die Wohnung zuerst. Sie schauten in jedes Zimmer. Die Wohnung war sauber. Kein Idris. Dafür aber Chaos. Er hatte, bevor gegangen war, noch einmal richtig für Unordnung gesorgt. Einige meiner Sachen lagen verstreut auf dem Fußboden. Auf dem Bett im Schlafzimmer, wo auch mein Koffer war, lag mein Handy. Er war sich also sicher, dass ich wiederkommen würde.

So schnell, wie es mir in meinem Zustand möglich war, griff ich nach ein paar Sachen. Der Hausverwalter wechselte in dieser Zeit das Schloss der Wohnungstür. Beim Hinausgehen drückte er mir den neuen Schlüssel in die Hand.

Özgür griff nach meinem Koffer.

„Schnell", mahnte Herr Fuat, denn er rechnete damit, dass Idris augenblicklich zurückkommen könnte, wussten wir doch nicht, wo er war. Mein Herz schlug wie wild. Ich dachte, ich würde jeden Moment das Bewusstsein verlieren, so aufgeregt und voller Angst war ich. Die Schmerzen bremsten mein Tempo. Mehr

Schnelligkeit und Körpereinsatz waren einfach nicht möglich. Wieder stieg ich in das Auto. Özgür und Herr Fuat sprangen ebenfalls in den zum Fluchtfahrzeug umgewandelten BMW. Ali Fuat wendete das Fahrzeug, legte den Rückwärtsgang ein, dann wieder den Vorwärtsgang. Und schon raste er davon. Es ging vorbei an den mir bekannten Restaurants und Bars.

Blinzelnd schaute ich aus dem Auto und sah, wie meine Hollandbar am Autofenster vorbeihuschte.

„Wo fahren wir jetzt hin?“, fragte ich zaghaft.

„Wir bringen Sie jetzt dahin, wo Sie erst einmal sicher sind“, gab Ali zurück.

„Und wo, bitte schön, ist das?“, hörte ich mich fragen.

„Sie werden bei einer Freundin von Özgürs Eltern untergebracht. Sie wohnt etwas außerhalb von Antalya, in Kepez. Stellen Sie sich schon einmal darauf ein, dass Sie dort keinen

Luxus vorfinden werden. Die alte Dame wohnt in einem Bauernhaus, am Rande des Dorfes.“

Ich konnte nichts darauf sagen. Zwar nahm ich alles wahr, doch das, was mir von ihm unterbreitet wurde, brachte meine depressive Grundstimmung noch weiter in den Keller.

Langsam wurde es dunkel. Wir durchquerten wieder einmal die Stadt, die ich doch eigentlich mochte. Vorbei ging es an den neuen und modernen Shoppingcentern, die sich am Anfang des Zentrums befanden.

Um an das andere Ende der Stadt zu gelangen, mussten auch unzählige Tunnel durchfahren werden, die in ein rötliches Licht getaucht waren. Es war für mich eine Fahrt ins Ungewisse, aber auch in eine gewisse Sicherheit.

Sehr gern hätte ich revoltiert, doch fehlte mir dazu die Kraft. Ich wollte in diesem Moment nur meine Ruhe, wollte endlich schlafen können. Dabei wusste ich doch ganz genau, dass auch das nicht so einfach möglich sein würde, da mich die Schmerzen daran hindern würden.

Mit einem Auge aus dem Fenster blinzelnd, erspähte ich die vielen Menschen, die die Stadt am Abend belebten. Sie lachten, hatten Spaß, genossen das Wochenende. Die Straßencafés waren gefüllt von Menschen, die, wie ich auch schon so oft, das Flair der Stadt genossen. Und was hatte ich? Schmerzen und immer noch unsagbare Angst.

Als wir die Stadtmitte durchquert hatten, die erst jetzt am Abend anfing, richtig lebendig zu werden, fuhren wir die Schnellstraße, die Richtung Thermessos führte, entlang. Es ging vorbei an dem Aussichtspunkt. Von hier aus hatte man einen wunderschönen Ausblick auf Antalya. Besonders um die Abend- und Nachtstunden herum war dieser Ort bei verliebten Pärchen sehr beliebt. Auch an diesem Tag reihte sich Auto an Auto.

Sehnsüchtig nahm ich das Treiben wahr. Wir fuhren vorbei am Vergnügungspark, der sich oben auf dem Berg befand. Doch nach Vergnügung war mir in diesem Moment nicht zumute. Irgendwann ordnete sich das Auto links ein und bog ab.

„Mein Gott, wo fahren wir denn hin?“, dachte ich. Alles um mich herum war so unwirklich. Ich hatte keine Kraft mehr, mich gegen das, was mir angeordnet worden war, aufzulehnen. Still hinnehmend, ließ ich alles geschehen. Die Dorfstraße, in die das Auto eingebogen war, war nur spärlich beleuchtet. Hin und wieder bremste Ali das Auto ab, um einem Hund den Weg frei zu geben.

Die Straßen wurden immer unwegsamer, die Fahrt demzufolge immer langsamer. Als wir den Dorfplatz mit dem kleinen Kreisverkehr erreicht hatten, wies Özgür mit der Hand nach rechts. Das Auto bog in die kleine Seitenstraße ein. Hier lag wohl das Ende der Welt. Nach wenigen Metern Fahrt begann der Wald. Ich spürte jedes Schlagloch und jede Bodenwelle. Nur eine einsame Lampe beleuchtete spärlich den Weg.

„Gibt es denn hier noch Häuser?“, schoss es mir durch den Kopf. Dann endlich fiel ein schwacher Lichtschein durch die Bäume. Es gab also doch noch Häuser hier. Wir fuhren in Richtung dieses Lichts. Nach nur wenigen

Metern hatten wir die kleine Kate erreicht. Das Fahrzeug stoppte. Fast gleichzeitig mit unserem Halt erschien in der Tür eine Frau. Sie trug ein weißes Kopftuch, das selbst in der Dunkelheit leuchtete. Ihr Gesicht lag verborgen im Schatten. Erst als ich ausgestiegen war, konnte ich das von der Sonne verwitterte Gesicht erkennen.

„Das ist Nilüfer, eine gute Freundin meiner Mutter“, erklärte mir Özgür.

Ich nickte unbeholfen. Langsam lief ich auf sie zu. Als sie mich erblickte, schlug sie die Hände vor das Gesicht und stieß einen kurzen, leisen Schrei aus.

„Iyi aksamlar“, begrüßte sie mich.

„Iyi aksamlar“, gab ich höflich zurück.

Die Männer gaben ihr kurze Anweisungen. Sie nickte zur Bestätigung. Dann wandten sich meine Begleiter mir zu und verabschiedeten sich eilig.

Özgür drehte sich noch einmal um: „Bei ihr sind Sie in Sicherheit. Sie brauchen nun keine

Angst mehr zu haben." Mit diesen Worten stieg auch er ins Auto. Der Motor heulte kurz auf, und das Fahrzeug entfernte sich langsam. Als nur noch kleine Rücklichtpunkte zu sehen waren, stupste mich Nilüfer an: „Gel canim, gel", hörte ich sie sagen.

Wortlos folgte ich ihr. Unterdessen rannen mir Tränen der Hilflosigkeit aus meinen zugeschwollenen Augen. An der Tür half sie mir noch, die Schuhe auszuziehen. Ich schlurfte hinter ihr her ins Haus.

Bisher kannte ich solche Behausungen nur aus Filmen. Der Wohnraum war spärlich ausgeleuchtet. Auf dem Herd stand eine Teekanne. Das Möbel war alt, aber alles in diesem Raum blitzte vor Sauberkeit. Ich erkundigte mich nach der Toilette.

Sie nahm mich an der Hand und führte mich in einen angrenzenden Raum. Ich war darauf gefasst, dass ich hier die typische türkische Toilette vorfinden würde. Doch zu meinem großen Erstaunen stand da eine – wie ich immer sage – *normale* Toilette. Ich zog die Tür hinter mir zu. Ich blickte mich auch hier um und blieb mit mir und meinen Sorgen und Nöten erst einmal allein. Wie lange ich so verharrte, weiß ich nicht mehr. Plötzlich vernahm ich ein Klopfen an der Tür und die Frage, ob alles in Ordnung sei. Ich bejahte und ging hinaus. Skeptisch musterte mich die alte Frau.

Sie schob mich zu einem Tisch, der in der Mitte des Raumes stand. Ich konnte erkennen, dass es ein recht antiker Holztisch war. Um den Tisch herum standen sechs einfache Stühle. Darauf lagen selbstgehäkelte Sitzkissen. Auch auf dem Tisch lag eine handgefertigte Decke. Nilüfer bot mir einen Stuhl an und brachte gleich ein Glas Tee. Die Zuckerdose stand bereits auf dem Tisch. Dann ging sie zurück zum Ofen und holte zwei Schüsseln. In der einen befand sich Reis, und in der anderen war Gemüse mit Fleisch und Soße.

Aus dem Küchenschrank holte sie noch Brot und eine Gabel. Alles stellte sie vor mir auf und bat mich, zu essen.

Ich schüttelte den Kopf: „Danke, aber ich habe keinen Hunger“, gab ich ihr zu verstehen. Ihr Gesicht verfinsterte sich, und sie begann zu schimpfen. Ich entnahm ihren Worten, dass ich etwas essen müsse.

Ich gab mich geschlagen, wusste ich doch auch, dass das Ablehnen ihres Essens für sie eine Beleidigung darstellte.

Ich stocherte also in meinem Essen herum und aß von allem ein wenig. Meinen Tee hatte ich auch geleert.

„Gel“, sagte sie, nun schon wieder etwas freundlicher. Sie durchquerte mit schnellen Schritten den Raum. Dass sich hier noch eine Tür verbarg, hatte ich bei dem wenigen Licht nicht erkennen können. Beim Öffnen quietschte die Tür. Nilüfer griff nach links, um das Licht anzuschalten. Mit der Hand wies sie mir meine neue Unterkunft zu. Das Zimmer war spärlich eingerichtet. Gegenüber der Tür, unter dem Fenster, sah ich zwei dicke Matratzen, die mein Bett sein sollten. Auf der rechten Seite stand an der Wand ein kleiner Schrank mit zwei Türen. Hier würde ich meine Sachen unterbringen können. Ich ging einen Schritt in das Zimmer hinein und erspähte links noch einen kleinen alten Rattan-Sessel und einen kleinen Tisch.

„Warte noch einen Moment“, rief mir die Frau auf Türkisch zu, während ich mich weiter umsah. Dann brachte sie zwei Kissen.

„Die wirst du brauchen, damit du es gemütlich hast.“

Ein Lächeln spielte um ihre Lippen. Ich sah auf dem Bett noch eine Decke. Auch sie schien aus der Hand von Nilüfer zu stammen. Doch ich würde die Decke nicht brauchen, denn obwohl das Fenster weit geöffnet war, spürte ich die unerträgliche Hitze, die den Raum erfüllte.

Hinter mir hörte ich sie fragen: „Alles in Ordnung, meine Liebe?“

Ich wandte mich ihr zu. Sagen konnte ich nichts. Stillschweigend umarmte ich sie und hauchte nur: „Danke.“

Meinen Koffer schob sie an mir vorbei in mein neues Zimmer, dann verschwand sie. Da stand ich nun, mit meinen Verletzungen und meinem Jammer. Wie lange ich hier noch ausharren müsste, wusste ich nicht. Doch es half alles nichts. Ich musste mich mit den Gegebenheiten, so es ging, arrangieren. Es blieb mir weiter nichts übrig. Ich schob mich Richtung Bett und ließ mich vorsichtig nieder.

Die Kissen legte ich mir so zurecht, dass ich halbwegs angenehm liegen konnte. Sehr schnell fiel ich in einen tiefen Schlaf, der nur dann unterbrochen wurde, wenn ich mich drehte. Zwangsläufig wurde ich durch die Schmerzen wach. Ich hörte mich selbst jammern.

Es war bereits hell draußen, als ich erwachte. Während ich versuchte, mich vorsichtig von meinem Bett zu erheben, betrat Nilüfer das Zimmer. Als sie mich so hilflos sah, kam sie schnell auf mich zu und wollte mir beistehen.

Doch ihre Hilfe verstärkte nur meine Schmerzen. Also ließ sie mich das allein bewältigen. Das erste, was ich tat, war, mein Handy zu suchen. In meiner Handtasche fand ich es. Ich schaltete es ein.

„Fünf entgangene Anrufe von Idris“, teilte mir mein Telefon mit. Mein Gesicht verzog sich zu einem bitteren Lachen. Auch mehrere SMS`en waren eingegangen. Plötzlich schoss es mir durch den Kopf: „Meine Tochter!“

Bine hatte ich gestern, in dem Wirrwarr, überhaupt nicht angerufen. Sie würde sich große Sorgen machen. Wie sollte ich ihr nur alles erklären? Ich ging in die Küche zu meiner Gastgeberin und fragte, ob ich hier Internetanschluss fände. Nachdenklich sagte sie mir, dass es in der Nachbarschaft, ungefähr 200 Meter von ihr entfernt, einen kleinen Market gäbe, welcher Internetanschluss hätte. Und vielleicht würde dieser bis hierher reichen.

„Warte einen Moment. Ich gehe dorthin und frage, ob du das nutzen kannst.“

„Oh, danke, das wäre sehr lieb. Ich will meiner Tochter Bescheid geben, dass alles in Ordnung ist.“

„Alles in Ordnung, ja?“ Kopfschüttelnd verließ sie das Haus. Ich setzte mich unterdessen an den großen Esstisch. Das Frühstück war schon bereitgestellt. Tomaten mit weißem Käse, Gurken, Weißbrot, Tee und Wurst hatte meine Gastgeberin aufgeboten. Nach wenigen Minuten kam sie auch schon wieder zurück. Sie legte mir einen Zettel mit ein paar Zahlen darauf auf den Tisch.

„Das ist der Code, den du eingeben musst“, sagte sie mir, „aber erst wird gefrühstückt.“

„Aber bitte nicht allein“, bat ich sie.

„Na dann sehe ich wenigstens, ob du genügend isst“, gab sie mit einem schelmischen Lächeln zurück.

Auch ich musste lachen: „Ja, jetzt stehe ich unter voller Kontrolle“, erwiderte ich und war mir nicht sicher, ob sie das verstanden hatte, denn sie sprach kaum Deutsch.

Nach dem Frühstück holte ich mein Notebook aus meiner Tasche Mit dem Code versuchte ich, eine Internetverbindung herzustellen, was sich zum Glück leichter erwies, als ich vermutet hatte. Sehr schnell entdeckte ich meine Tochter online. Es war Sonntag und sie war zu Hause. Sie bat mich, die Kamera einzuschalten. Ich versuchte das abzubiegen, wollte ich ihr doch meinen Anblick ersparen. Sie ließ nicht locker. Als sie mich dann erblickte, schlug auch sie die Hände vors Gesicht, und ich hörte einen Entsetzensschrei, der mir durch alle Glieder fuhr.

Ich konnte sie ein wenig beruhigen, weil ich ihr schreiben konnte, dass ich vorerst in Sicherheit war. Nachdem sie sich etwas beruhigt hatte, entlud sich ihr ganzer Hass auf Idris, der mich so zugerichtet hatte. Ich ließ sie reden und schreiben. Verstand ich doch alles nur zu gut. Schließlich verband uns mehr als ein Mutter-Tochter-Verhältnis. Wir waren wie Freundinnen. Wir verabredeten uns nun täglich nach ihrer Arbeit im Internet. Sie sollte die Sicherheit haben, dass es mir soweit gut ging, trotz all meiner Verletzungen.

***

So lebe ich also hier in meinem Versteck, habe meine Krankenhausbesuche hinter mich gebracht und warte auf einen günstigen Flug nach Hause. Ist es doch meine Familie, nach der ich mich jetzt so sehne.

Mein Blick wandert zu meinem türkischen Handy. Es ist ausgeschaltet. Ich nehme es in die Hand und schaue es herausfordernd an. Wie automatisiert schalte ich es ein. Es verrät mir, dass ER wieder unzählige Male angerufen hat. Und dann sind da noch mehrere SMS`en eingegangen. Ich schaue nach. Alle sind von Idris. Er kann es nicht lassen. Während ich so liege und die Nachrichten an mich lese, klingelt das Telefon.

Idris.

Ich gehe wieder ran. Warum nur?

„Schatzi, ich wollte mich erkundigen, wie es dir geht.“

„Wie soll es mir gehen?“

„Komm, das muss doch auch mal besser werden. Frag doch mal, wie es mir geht. Durch

deine Aktion war ich gezwungen von Antalya abzuhauen.“

„Wegen mir? Das ist jetzt nicht dein Ernst.“

„Na klar, das ist mein Ernst. Wer hat mich denn angezeigt? Weißt du, ich habe keine Wohnung mehr, schlafe in Höhlen oder am Strand. Kannst du dir das vorstellen? Ist es das, was du wolltest?“

„Aber das alles ist doch nicht meine Schuld. Du hast mich doch fast totgeschlagen. Schon vergessen?“

Meine Stimme wird unsicher. Bin ich wirklich daran schuld. Ich wusste es doch besser. Er hat es selbst so weit gebracht. Doch in meinem Inneren beginnen Kämpfe. Die Frage der Schuld, die eigentlich auf der Hand liegt, wird neu aufgerollt.

„Mein Schatz, du weißt doch, dass ich dich liebe. Ich trinke nicht mehr. Das ist es doch, was du immer von mir wolltest. Also pass mal auf. Ich sage dir jetzt, was du machen wirst.“

„Lass mich endlich in Ruhe", unterbreche ich ihn. „Wo sind meine Sachen? Ich kann nicht mal meine Sachen wechseln."

„Wo sollen die denn sein? In der Wohnung."

„Wann kannst du die mir schicken."

„Was ist los? Ich soll dir deine Sachen nachtragen? Das fällt aus. Sag mir mal, wo du überhaupt bist."

„Ich bin hier in Alanya", kommt es ganz spontan.

Ich kann das alles nicht richtig fassen. Er macht mir Vorwürfe, sieht immer noch nicht ein, dass er der Täter ist. Doch ich spüre auch, dass mein Widerstand anfängt zu bröckeln. Und wie um diese verfängliche Situation zu entschärfen, klopft es an der Tür. Ich beende ohne ein weiteres Wort das Gespräch.

„Ja, bitte", rufe ich in Richtung Tür.

Langsam öffnet sich die Tür, und Ferhat tritt ein. Das Lächeln, das sie versucht mir zu geben, verlischt, als sie mich sieht.

„Wir haben einen günstigen Flug gefunden“, erklärt sie mir.

Freude steigt in mir auf. Endlich! Endlich nach Hause. Schnell richte ich mich auf und merke: die Schmerzen nicht mehr so heftig.

„Wann? Wann geht mein Flieger?“, frage ich völlig euphorisch.

„Heute Abend, kurz vor Mitternacht. Ich habe den Flug schon gebucht. Hier ist das E-Ticket.“ Mit diesen Worten reicht sie mir ein Blatt Papier, das mir den Weg nach Hause bereiten soll. Ich kann mir ein Lachen nicht mehr verkneifen. Meine Freude steht mir ins Gesicht geschrieben.

„Doch bevor Sie sich jetzt fertig machen, Ihre Sachen packen, müssen wir noch einmal ins Krankenhaus, denn Sie brauchen für Deutschland auch entsprechende Papiere für die Weiterbehandlung.“

Ich nicke und schiebe mich auf meiner Matratze nach vorn. Langsam erhebe ich mich. Ferhat reicht mir ihren Arm.

„Langsam kann ich Ihr Elend bald nicht mehr sehen, es tut mir so leid.“

Ich schaue sie an: „Ich kann es bald nicht mehr ertragen.“

„Gehen wir.“

Mit diesen Worten wendet sie sich zur Tür, und ich schleiche hinter ihr her.

Wie immer ist der Weg ins Krankenhaus für mich sehr beschwerlich. Doch es soll heute vorerst das letzte Mal sein. Glücklich halte ich nach zwei Stunden meine Papiere in der Hand.

„Jetzt können wir zurückfahren.“

Ferhat schüttelt den Kopf: „Mein Mann hat mir aufgetragen, dass wir noch einmal bei der Staatsanwaltschaft vorbeifahren sollen. Er hat da schon angerufen. Man händigt uns noch ein Schreiben aus. Irgendwie wäre das wohl sinnvoll für die Ausreise.“

Also geht es wieder quer durch die Stadt. Auch bei der Staatsanwaltschaft hat man schon alles vorbereitet. Noch der amtliche Stempel darauf und wieder sind wir auf dem Weg. In der Zwischenzeit ist es trotzdem schon wieder früher Nachmittag geworden. Ich muss mich also beeilen, denn ich brauche Zeit, um meine Sachen zu packen, da alles sehr langsam geht. Und zum Flughafen ist es eine ziemlich lange Strecke.

Als es zu dämmern beginnt, sitze ich im Auto meiner Anwältin und bin auf dem Weg zum Flughafen. Mit einem Blick auf mich weist sie mich an, alle Handys auszuschalten. Idris soll nicht wissen, dass ich auf dem Weg nach Hause bin. Ich wühle in meiner Tasche und finde vorerst das Handy mit meiner türkischen Nummer. Als ich schon fast meine ganze Tasche ausgeräumt habe, entdecke ich auch das deutsche Handy. Ich schalte beide aus.

Angekommen am Flughafen, holt Ferhat meinen Koffer aus dem Kofferraum ihres Autos. Als wir den Flughafen betreten und durch die erste Kontrolle gehen, sehen mich die Beamten sehr entsetzt an. Sie fragen, was mit mir geschehen ist. Ferhat gibt kurz eine Information. Unverständnis spiegelt sich auf den Gesich-

tern der Uniformierten wieder. Dann begeben wir uns zum Check-In. Ich lege mein Ticket und meinen Pass vor. Der Mann hinter dem Tresen schaut mich an und schüttelt den Kopf. Meine Freude schlägt schnell in Panik um. Er spricht mit Ferhat. Er könne mich nicht ausreisen lassen, so, wie ich aussehe. Da müsse er die Polizei rufen.

„Geben Sie mir bitte das Schreiben vom Staatsanwalt", fordert Ferhat mich auf und streckt ungeduldig ihre Hand in meine Richtung aus. Ich öffne die Außentasche meiner Handtasche und reiche ihr schnell das Papier. Der junge Mann liest sehr genau das Schreiben. Dann nickt er und nimmt nun doch meinen Koffer an. Erleichtert schaue ich zu Ferhat. Auch auf ihrem Gesicht kann ich ein zufriedenes Lächeln erkennen. Als ich meine Bordkarte in der Hand halte und wir uns etwas von dem Schalter entfernt haben, reicht sie mir die Hand: „Ich werde jetzt zurückfahren", sagt sie, „ich wünsche Ihnen alles Gute. Erholen Sie sich von diesen ganzen Strapazen hier. Wir bleiben in Verbindung."

Auch ich reiche ihr meine Hand: „Danke noch einmal für alles. Ich hoffe, ich kann das ganze schnell verarbeiten.“

„Vergessen Sie nicht, was mein Mann Ihnen gesagt hat. Brechen Sie den Kontakt vollständig ab.“

„Ja“, nicke ich.

Ich schaue ihr nach, wie sie das Flughafengebäude verlässt. Die große Uhr in der Abflughalle zeigt mir, dass ich noch mehr als zwei Stunden Zeit habe, bis mein Flieger abhebt. So beschließe ich gegenüber noch einen Kaffee zu trinken. Ich durchquere die Flughalle und sehe die entsetzten Blicke der Menschen, die mir entgegenkommen. Am Ausgang schaue ich nach rechts und links und gehe über die Straße. Zum Café muss ich einige Treppen steigen. Der Kellner sieht mich und kommt schnell auf mich zu. Er möchte mich am Arm fassen und behilflich sein. Doch ich gebe ihm zu verstehen, dass es besser für mich ist, wenn ich das allein bewerkstellige. Er weist mir gleich den ersten Tisch zu und fragt, was ich möchte. Ich bestelle meinen Kaffee. Nescafé, was sonst.

Während ich so sitze und in die Runde schaue, lasse ich das Vergangene noch einmal in Gedanken Revue passieren. Die ständig aufkeimende Frage nach dem Warum verdränge ich gekonnt. Mein Blick auf die Uhr sagt mir, dass ich mich auf den Weg zur Passkontrolle begeben sollte. Ich zahle meinen Kaffee und der Kellner ruft mir im Gehen zu: „Alles Gute."

„Danke", murmele ich nur.

Der eigentlich recht kurze Weg zur Flughalle ist für mich eine lange Strecke. Ich versuche die Blicke der Menschen, die mir begegnen, auszublenden. Viele drehen sich noch einmal nach mir um. Ich hatte es in den letzten Tagen vermieden, in einen Spiegel zu schauen. Doch ich muss ein Bild des Grauens abgeben. Mit der Rolltreppe fahre ich Richtung Abflug. Irgendwie vermag der Gedanke an zu Hause meine Schmerzen abzuschwächen.

Ich fingere meinen Reisepass heraus und lege ihn vor. Der Zöllner schaut mich an und schüttelt den Kopf. Er könne mich so nicht ausreisen lassen. Tränen der Hilflosigkeit treten in meine Augen. Aufgeregt suche ich den Brief, der mir schon am Check-In geholfen hat. Ich lege das Papier mit zitternden Händen dem Beamten vor. Auch er liest wieder aufmerksam das gesamte Schreiben. Dann nickt er und lässt mich passieren. Erleichtert atme ich auf. Bevor ich in den Wartebereich gehe, hole ich im Duty Free noch eine Stange Zigaretten. Die Zeit bis zum Einsteigen vergeht sehr langsam. Ich glaube, ich habe mich in meinem ganzen Leben noch nie so auf einen Rückflug gefreut, wie an diesem Tag. Als ich der Dame vom Bodenpersonal meine Bordkarte reiche, stutzt sie. Dann schaut sie schnell nach unten. Derartige Blicke werde ich wohl noch öfter erleben und aushalten müssen. Ich habe Glück und einen Sitz direkt am Fenster. Die Flugbegleiterin hilft mir, mein Handgepäck zu verstauen. Dann nehme ich meinen Platz ein. Kurz vor Abflug reicht mir die Stewardess noch ein Kissen und eine Decke. Dankbar nicke ich ihr zu und verziehe gequält meinen Mund zu einem Lächeln, was mir eher schlecht gelingt.

In Düsseldorf nimmt mich meine Tochter in Empfang. Wir sehen uns nur an und müssen beide weinen. Erst in diesem Moment wird mir richtig bewusst, dass ich unendliches Glück hatte, sie wiedersehen zu können. Erleichtert liegen wir uns in den Armen. Schnell greift sie nach meinem Koffer, will auch meine Handtasche an sich nehmen. Mit dem Skytrain fahren wir zu ihr nach Hause. Hier erwarten mich mein Sohn mit seiner Frau und meine Eltern.

Ich freue mich riesig, wieder in den Armen meiner Familie zu sein. Doch die Blicke aller zeigen weniger die Freude als mehr das Entsetzen über mein Aussehen. Mein Vater wischt sich nur die Augen. Er kann es nicht begreifen, dass jemand seiner Lieblingstochter so etwas angetan hat. Und ich staune nicht schlecht, als ich mich schon kurz nach meiner Ankunft wieder ins Auto setzen muss. Uniklinikum Düsseldorf heißt das Ziel. Hier werde ich bereits erwartet. Und wieder muss ich mich zahlreichen Untersuchungen stellen.

Doch es fällt mir nun leichter, verstehe ich doch die Sprache und brauche nicht immer einen Übersetzer.

Dann muss ich zum Arztgespräch, um die Diagnose zu erfahren. Mit ernster Miene sieht mich der Arzt an: „Sie haben verdammtes Glück gehabt. Wissen Sie das?“

Na klar weiß ich das. Doch ich frage ihn: „Warum?“

„Ich werde Ihnen alles erklären. Wenn Sie Fragen haben, können Sie mich unterbrechen.“

Nervös presse ich das Leder meiner Tasche und gebe mit einem Augenaufschlag zu verstehen, dass er anfangen kann.

„Die Untersuchungen haben ergeben, dass die Augenhöhle, wie man es auch schon in der Türkei festgestellt hat, nur einen leichten Riss hat. Dennoch muss ich Ihnen sagen, dass sich der Augapfel etwas verschoben hat. Da können wir aber nichts machen.“

Langsam steigt ein unangenehmes Gefühl in mir hoch.

Er fährt nach einer kurzen Pause fort: „Ihre Rippen sind zum Glück nur stark geprellt. Sie werden sehr lange sehr starke Schmerzen haben. Aber auch das ist nicht zu vermeiden. Wir werden Ihnen Schmerzmittel geben, um die Schmerzen in Grenzen zu halten. Was uns aber richtig Sorgen macht, ist Ihre Hüfte. Sie haben Probleme beim Sitzen und Liegen. Doch Sie können trotzdem von Glück reden."

Ich hebe meinen Kopf und schaue ihn verständnislos an. Was will er mir jetzt sagen?

Er fährt fort: „Beim jedem Aufschlag wurde Ihre Hüfte so stark beansprucht, dass alle Fugen verrutscht sind. Normalerweise würden Sie jetzt im Rollstuhl sitzen. Doch Sie müssen enorm gute und elastische Knochen haben. Das ist die positive Seite. Was unangenehmer ist, ist die Tatsache, dass das nicht wieder heilbar ist. Wir können lediglich mit entsprechender Massagetherapie versuchen, den Urzustand wieder herzustellen."

In diesem Moment empfinde ich einen erneuten Schlag ins Gesicht. Ich kann nicht glauben, was er mir da eben mitgeteilt hat.

Fragend schaue ich den Arzt an: „Soll das heißen, dass ich ab sofort mit diesen Schmerzen leben muss? Das ist nicht ihr Ernst."

„Leider doch. Wie gesagt, wir können mit einer entsprechenden Therapie den gegenwärtigen Zustand etwas verbessern, aber es werden Spätfolgen bleiben."

Wie gelähmt sitze ich ihm gegenüber. Ich bin unfähig, darauf zu reagieren. Nicht einmal Tränen kommen in mir hoch. Ich empfinde im Moment nur Hass. Das kann doch nicht sein.

„Und Sie sind sich sicher, dass Sie sich nicht irren?"

„Leider. Zwei Ärzte haben sich das Computerbild angesehen. Dieser Mann hat ganze Arbeit geleistet. Und auch wenn es kein richtiger Trost für Sie ist, seien Sie froh. Nachdem, was wir gesehen haben, müsste Ihr Becken vollständig zertrümmert sein."

Ich erhebe mich langsam. Schnell kommt der Arzt hinter seinem Schreibtisch vor und stützt meinen Arm.

„Danke", sage ich nur und wende mich zur Tür.

„An der Information erhalten Sie noch ein Rezept für die entsprechende Physiotherapie. Wenn Sie die sechs Behandlungen abgeschlossen haben, melden Sie sich noch einmal."

„Ja, mache ich." Mit diesen Worten habe ich schon die Tür geöffnet. Wie ferngesteuert verlasse ich das Arztzimmer. Mein Sohn steht an der Information. Sein Blick verrät mir, dass er bereits Bescheid weiß.

„Komm, lass uns gehen", sagt er nur. Ich folge ihm ohne ein weiteres Wort.

Ich kann es immer noch nicht fassen, was ich soeben gehört habe. Und darüber soll ich noch froh sein. Bitterkeit macht sich in mir breit. Wieder zu Hause bei meiner Tochter, suche ich nach der Telefonnummer von Ferhat. Ich rufe sie an und teile ihr die Diagnose mit.

Entsetztes Schweigen am anderen Ende der Leitung.

„Schicken Sie mir die Diagnose der Uniklinik. Ich lasse das übersetzen und reiche es zur Akte." Das ist ihre Reaktion.

***

Einige Wochen später hatte ich mich recht gut erholt, dank der liebevollen Pflege meiner Familie. Doch es dauerte noch Monate, bis meine Seele wieder gesund war. Auch was noch folgte – die Verhandlung gegen meinen Peiniger und weitere Drohungen seinerseits – waren ein wieder Gang durch die Hölle.

Ich liebte die Sonne und das Meer. Das Paradies bekam ich, doch der Preis war fast mein Leben.

Heute lebe ich wieder in Deutschland und bin in meinen alten Beruf zurückgekehrt. Vergessen werde ich die Qual jedoch nie.

Die Autorin am Tag des Übergriffs im Krankenhaus von Antalya